REPORT ON RELIGIONS IN MACAO

中国社会科学院创新工程学术出版资助项目

澳门宗教报告

邱永辉　陈进国／编著

社会科学文献出版社
SOCIAL SCIENCES ACADEMIC PRESS (CHINA)

2012 年 10 月，在澳门举行"宗教团体的治理"学术讨论会，与会代表合影。

2015 年 1 月，中国社会科学院世界宗教研究所巴哈伊研究中心代表团访问位于以色列海法的巴哈伊世界中心。

目　录

上编　澳门宗教团体的治理
——法律架构与治理实践

下编　澳门宗教调研报告
——新兴宗教与民间信仰

中国宗教团体及其社会管理（代序）

卓新平[*]

探究宗教团体的治理，重要且必要的关联就是分析、研究中国宗教团体发展的历史与现状，以及其与中国社会和政治体制的内在关系或关联。在中国社会处境及文化氛围中，人们很容易发现中国宗教团体在组织建构上的特色，以及其社会存在和社会作用的特点。然而，这些显而易见、与世界其他国家尤其是西方国家宗教团体的不同，却未曾得到系统、认真的梳理和解读。其界说之难不仅在于中国宗教团体的构建本身，更在于其与中国社会政体的关系。这种政体本身，以及政教关系的与众不同，使我们对中国宗教团体的社会管理问题不能简单与他者类比，而必须找出中国自己的特点，以此说明中国独有的特色。

一　中国的宗教团体与中国的政教关系

对于宗教团体的治理问题，取决于我们对宗教本质及其社会存在与作用的基本认知和评价。也就是说，宗教团体的管理只是手

*　卓新平，中国社会科学院世界宗教研究所研究员、所长，中国宗教学会会长。

段，它势必反映这种治理的目的，即究竟是要推动宗教的发展，还是要限制宗教的存在；是要扩大宗教的社会影响，还是想减少、削弱这种影响；是要对宗教加以思想、政治、社会、法律层面的掌控，还是使宗教更加自由、自然地生存与发展。所以说，宗教团体的治理问题是"工具理性"的问题，它反映且也必然服从于关涉宗教的"价值理性"问题。在当代中国，宪法保障了公民宗教信仰的自由，各种宗教在改革开放30多年来已经获得巨大发展，但是，尚有几个最为根本的问题仍未解决，人们对之分歧较大、解说众多，很难达成共识。

其问题之一即是对宗教的评价问题。这种对宗教的价值判断、基本定义至关重要，目前中国大陆还未能将以基本法、上位法的方式来解决宗教立法问题提上议事日程，其根本原因就是对"怎样看宗教"没有达成共识，故而影响到对宗教"怎么办"的具体立法和政策管理等举措，人们对这种"立法"究竟是"保护宗教"还是"限制宗教"认识不清、分歧颇大，所以立法机构只能对宗教立法问题加以暂时"悬置"，其结果是影响到我们从根本上思考、讨论、实施如何"依法管理宗教"的问题。人们由此提出了是否有"法"可"依"，"法"是什么性质之法，以及如何对之实施等疑问，需要我们进一步澄清和说明。

其问题之二即"宗教信仰自由"与"宗教自由"有无区别及如何关联。中国大陆社会谈得较多的是"宗教信仰自由"，而对"宗教自由"的表述则颇为谨慎。个中原因在于"宗教信仰"主要是在"思想"层面，任何社会制度和管理举措很难从根本上真正限制人的"思想自由"，也就是说，这些制度和举措很容易管到人们之"行"和"言"，却很难限制其之"思"和"想"。而"宗教自由"

则不仅包括其思想信仰层面，也包括其社会行动层面。所以，不少人认为"宗教信仰"有着绝对的思想自由，而宗教包括的社会组织团体及其言行则只有相对的自由，因为其社会机构及言行有着社会制度、秩序、法律和政策等制约，并不是绝对自由所能表达的。其中"宗教自由"的空间及限度，则依赖于相关宗教的社会存在及其公共秩序对它的要求。这里既涉及宗教可能获得的自由，也涉及宗教与国家法律和社会规范的关联及由此而必须具有的社会治理和国家法律的制约。

其问题之三即政府如何管理宗教，如何处理好多层面的政教关系。人们谈到政教关系时一般会论及"政教合一""政教分离""政教协约"这三种模式。政教关系的模式不同，也势必影响到其政治权力和社会管理机构在对待宗教团体上的管理方式之不同。在"政教合一"的关系中，国家对宗教的管理实质上是一种内涵式管理，即对所谓"国教"的提倡、推崇，以及管理。由于这种一体、合一，政府对宗教的管理即内部管理，属于其体制内、机制内的事务。其社会建构的一致，以其意识形态、价值核心的一致为前提。但在"政教分离"的关系中，宗教团体则"应当是完全自由的、与政权无关的志同道合的公民联合会"①。因此，这种政教关系中对宗教团体的管理是一种外延式管理，即只能在社会公共层面上对宗教的"言"与"行"，及其社会组织形式加以外在的、虽有限却有效的管理。这也只能是一种社会层面的管理，特别是以与其他社团相类似的方式来实施对宗教社团的管理。在此，宗教管理即政府有关部门根据宪法、政策法规等来对宗教的社会存在方式及其行为方式进行管理，而不涉及其内在的教派之分、正邪之辨等。对宗教团体

---

① 《列宁全集》第 12 卷，人民出版社，1987，第 132 页。

的管理就是把宗教视为一种社会团体，以宪法、法律和相关行政法规来规范宗教、掌控宗教的社会存在及其行为方式，保持宗教的社会服从及社会服务，而不使之出现挑战公共秩序等越轨、越线、越界的现象。而在"政教协约"的关系中，宗教通过与政治权力的"协商"来保留一部分权利或自由，同时亦不得不接受政权对之实施的社会管理。由于它反映出政教关系由"政教合一"到"政教分离"的过渡，政教之间故有一定的张力或权力博弈，需要政教之间有某种协议、协商或协调，以应对其社会管理中所出现的问题及困难。

但从中国的历史与现状来看，上述政教关系的这三种模式都不太符合中国的历史及国情。例如，人们对中国历史上的政教关系有着截然不同的两种观点。一种认为在 1911 年辛亥革命前中国乃"政教合一"的国家，儒教为其国教，实施"神权政治"和"国教统治"。皇帝作为"天子"乃政教合一的领袖，负责主持"祭天"这种儒教中最高级别的大礼。但另一种观点则认为中国一直乃"政教分离"的国家，儒教作为主流意识形态不是宗教，而乃国家意识、世俗文化哲学，并以此曾形成与宗教的抗衡，使佛、道等宗教不可能进入国家主流意识。按这后一种观点，"在古代中国文化的核心——政治层面上，宗教从来没有取得过统治地位"，而中国古代社会的"政治人伦和权术，绝对是非宗教的。所以古代中国政治层面的'天''神'也是非宗教化的"①。这样，中国的宗教就一直处于"政治边缘化"的状态，受到社会政治的全面管理。从上述两种对立的见解可以看出，以西方话语模式的政教关系很难说清中国的

---

① 顾伟康：《宗教协调论——中国宗教的过去、现在和未来》，学林出版社，1992，第 94 页。

政教处境及其关系。

如果跳出上述三种政教关系模式来看中国，那么在中国自古至今"大一统"的政治模式及其传统中，较能真实反映中国政教关系的就应是"政主教从"或"政主教辅"的模式，即以"政"统"教"、以"教"辅"政"。其特点是宗教不能掌控、左右政治，有着"政教分离"的类似形态，但国家政权则严格掌控着宗教，把宗教纳入其整体的政治及社会管理之中，故而形成中国所独有的"准政教合一"现象。"这种管理强调宗教在思想、政治上对政府的服从，保持政教程度较高的一致。为此，政府会具体负责宗教人事安排，指导宗教教义思想的诠释，督查宗教组织的构建，并为宗教提供社会、政治、经济等方面的援助和保障。这样，合法宗教则会形成严格意义上的'官方宗教'，在此之外的宗教则为'另类'，处于'非法'之状。"[1]正因为如此，中国的宗教在历史上有着"正""邪"之分，而中国历史上也一直有着政府管理宗教事务的专门机构，"从中国古代'掌僧道'的'礼部'到今天的各级'宗教事务局'，这种管理体制乃一脉相承，凸显了政府的权威"。[2]例如，唐朝曾为各国"蕃客"设立"蕃坊"，后来逐渐成为穆斯林集中居住的社区，而其负责人——"蕃长"则由唐朝政府批准和任命。这是较早由中国政府挑选和任命宗教高层领袖之例。元朝政府有专管佛教事务的"宣政院"、专管道教事务的"集贤院"、管理基督宗教（也里可温）等事务的"崇福司"和管理伊斯兰教事务的"回回哈的司"等，而且政府管理部门已分出等级，有一品、二品等区别。明朝负责宗教事务的有掌管僧道的"礼部"，负责边疆民族宗教事务

① 卓新平：《田野写真——调研集》，中国社会科学出版社，2011，第125页。
② 卓新平：《"全球化"的宗教与当代中国》，社会科学文献出版社，2008，第31页。

的"四夷馆",与之相关联的还有"兵部",以及基层管理机构"卫所",而主管各种礼仪祭典的则有"鸿胪寺"等。清朝政府有"理藩院"及其下设机构管理宗教事务。而民国时期的"蒙藏委员会"同样也是负责宗教事务的政府机构。所以说,脱离"政主教从"的现实来谈中国政教关系和宗教团体的管理乃无的放矢,不得要领。今天,我们从宗教团体对主流政治的拥戴、对核心价值观及其思想意识的学习、服从,从国家对宗教领袖教内外"职务"或职位的实际任命、安排,以及从"中梵关系"因罗马教权与中国政权的抗衡而形成的紧张及不和等,就可体悟这种传统的一脉相承、延续至今。这也是我们讨论中国当代宗教团体及其社会管理的基点或基础之所在。

二　关于中国当今宗教团体之社会管理的思考

就当前中国政教关系的现状而言,对宗教的社会管理既体现出现代"政教分离"的相关管理理念,又在一定程度上延续了中国历史传统中以政统教的"政主教从"模式的管理办法,还有"政府派员"进驻宗教社会团体、以"秘书长"身份来直接管理等现代模式。这三种模式的宗教社团管理各有利弊,但整体上仍都不太适应现代社会宗教团体的发展,以及政教关系变化的新形势。因此,我们有必要调整思路、加强研究,创新对宗教团体的社会管理,达到最佳管理效果。

以往,中国的社会管理以"单位"管理为主,所以对宗教的社会管理也基本上采取对"宗教团体"这种"准单位"的管理方式。然而,自改革开放以来,中国社会"单位"的传统意义已经削减,新的"单位"形式则有其明显的流变性、短暂性，甚至随意性，让人把握不住，难以为继。同理，中国当代宗教也发生了巨大变化，宗教团体也不是以往的宗教社团形式所能涵括的，其弥散性、草根性或"公民意识"性已经很难用传统的宗教社团来概括。这些宗教团体在社会管理上所面临的新情况、新问题，既有"全球化"处境中具有国际性质的，也有国内因这种社会"全球化"、信息"网络化"所导致的，二者复杂交织，促使我们必经认真面对，提出有效举措。

就我个人的初步、肤浅之见而言，加强对中国宗教团体的社会管理，可以考虑如下举措。

其一，"大一统"的管理模式应与"属地管理"密切结合。

虽然从当前中国国情出发，我们已不能走把社会管理的权力都集中到政府、由政府来统摄和包办的老路，也不可能完全放开、全面放弃。在此，我们必须汲取以往"一抓就死、一放就乱"的教训，有机、逐渐地过渡到新的管理模式上来。因此，为了适应以往"大一统"的宗教管理模式的惯性，我认为中国各宗教团体仍有必要建立其全国性的领导式协调机构，形成其相对联合又有着松散性、联谊性特色的宗教"共同体"。政府的社会管理可以通过这些"大一统"的宗教联合体、共同体来协调全国性宗教活动、处理好各宗教团体之间的关系。与此同时，加强对宗教团体的"属地管理"，即根据宗教的地域性发展及其基层社团的状况来实施社会管理，由此引导宗教社团从宏观的政治关注转向微观、具体的宗教社会发展，注重其地域民族及文化等特色，发挥基层社区管理的作用，以便真正能够管实、管好。在当代中国社会转型时期，就宗教团体的社会管理而言，这两种管理模式仍然是"一个都不能少"。

其二，社会管理的"顶层设计"与宗教团体管理的"基层举措"应积极沟通。

在整个中国社会大系统中，不能排斥或排除宗教社团的存在及参与，而应将宗教社团视为在整个中国社会构建系统中有机共构的子系统、分单元，以普遍管理社会组织的方式来对待宗教团体，而不应对之歧视，持有偏见，人为地将宗教社团推至"敏感地带"或打入另类。在中国整体的社会建设、文化建设中必须有宗教的构成及参与，形成积极、良性的"顶层"与"基层"的沟通、互动。由此，我们应该尽快、尽早使宗教"脱敏"，实现宗教与中国主流意识形态和核心价值的尽量一致或充分认同，让其成为我们自己的有机构成，即把宗教团体从社会存在、政治存在、文化存在和精神存在上都全面纳入我们当今社会存在的整体建构和一统体系，避免宗教再被误解、遭冷落、受歧视，防止宗教在我们的社会机体内"异化"、"他化"或"恶化"。因此，在社会管理综合考虑的"顶层设计"中，我们必须要有如下理念及考量："当宗教作为政治力量时应该成为我们自己政治力量的组成部分，当宗教作为社会系统时应该成为我们当今和谐社会的有机构建，当宗教作为文化传承时应该成为我们弘扬中华文化的积极因素，当宗教作为灵性信仰时应该成为我们重建精神家园的重要构成。"只有这样，才能有管好宗教团体的有效"基层举措"出台，才不会以敌意、暴力来对待、对付宗教社会组织，处理宗教问题。只有当宗教在中国社会被视为"为我"的存在，才会真正有宗教信仰的"自由"发展。

其三，加强法治建设，使"依法管理宗教"真正落到实处。

在中国当前法治建设、实现"依法治国"的过程中，"依法管理宗教"应该逐步推动，使之最终能落到实处，发挥真正作用。目前我国管理宗教事务的法规主要是政府行政法规和地方相关法规，缺乏一种基本法、统领法、上位法来指导、规范这些行政及地方法规。所以，我们应该努力推动"宗教理解共识"，由此才可能真正达到"宗教立法共识"，明确立法目标，扫清立法障碍。也就是说，我们未来可能制定的宗教基本法应该是体现"保持"宗教信仰"自由"的意向，而不是用各种条条框框来"限制"宗教、"打压"宗教。如果宗教社团的存在能在未来中国真正获得"法律上的尊严"，那么中国依法治国、构建和谐社会的目的也就可能很快得以实现。

其四，调动各方面积极因素，使宗教社团的政府政治管理平稳过渡到社会法治管理。

宗教社团在中国社会政治的"大一统"体制中，应该逐步实现其社会定位的正常化和良性发展，达到其有利于社会的"自立"和"自办"。在中国社会的总系统中，宗教社团的负责人即领袖人物理应从制度上、程序上都受到政治、政党（执政党）、宗教等方面的系统训练和素质教育，成为在政治上可靠、对执政党忠诚、有渊博宗教学识和高深宗教修行的"实力型"领军人物、社团核心。这种高度"保持一致"是我国政治体制、社会制度和文化传统所必需的，至少在目前而言乃是一种"绝对命令"或"绝对要求"，不可能根本回避或放弃。随着中国社会、政治的不断成熟及其政治体制改革的成功，随着宗教团体在中国社会中真正地融入和形成一体，其管理亦有可能由"政治"转为"自治"。这也就要求宗教能在各宗教信仰之间、各宗教团体之间、同一宗教内部各派之间相互促进、相互和睦，其中当然也可能有相互制约或相互监督，同时亦要求各宗教团体与其他各种社会团体之间的和谐共在，对中国政体的适应，以及对中国社会发展的积极参与，从中完善宗教团体自身的体制机制，培育出其创新型领袖人才，并符合积极、主动适应当今中国社会的各种要求。只有当宗教团体能够有效地实行自我管理、协调好整个中国的宗教生态，纳入整个社会的有机管理体制之内，以往自上而下的政治权力管理才可能逐渐消减，并最终自动停止。

导论　澳门的宗教治理与宗教生态

陈进国*

近年来，中国社会科学院世界宗教研究所当代宗教研究室承担了中国社会科学院创新工程项目——"当代宗教发展态势"，"澳门宗教报告"就是其中一项子课题。在中国社会科学院国际合作局的大力支持下，2012年10月，世界宗教研究所当代宗教研究室与巴哈伊教澳门总会成功合办了"宗教团体的治理"学术研讨会。项目首席研究员邱永辉和执行研究员叶涛、陈进国会后又集体对澳门的巴哈伊社团、一贯道社团等新兴宗教及本土的道教、民间信仰等做了较深入的调研。本书所收录的系列研究论文和田野报告，就是上述研讨会与学术调研的成果汇集。我谨就本书的研究成果，略作介绍与讨论。

一　澳门的宗教自由政策及其宗教团体治理

讨论宗教治理问题，首先涉及的就是政教关系，即国家或政府以什么样的原则和方式，对各种宗教实体及其附带的场所、机构、

　陈进国，中国社会科学院世界宗教研究所副研究员。

活动等进行外部的治理。而要探讨澳门的宗教治理，就不免要讨论澳门的相关法律是如何界定"宗教信仰自由"或"宗教自由"的。其次，宗教治理也牵涉宗教团体自身的治理模式，即宗教团体是如何根据有关法律法规，或者宗教的教典教义体系，开展内部的组织管理的。澳门的本土宗教和外来宗教，其内部的治理体系既有差别，也有共通性。本书上篇的 7 篇文章，大抵有两类内容：政教关系视野中的治理构架（外部的治理）和宗教团体自身的治理体系（内部的治理）。

其中，骆伟建、江华的《澳门基本法与宗教信仰自由》涉及的是第一类的内容。该文宏观地讨论了澳门特区政府关于宗教团体治理的"顶层设计"和法律框架问题。特区政府主要通过维护法律制度的权威，来依法界定公民的宗教自由权利及其限度。

在政教关系问题上，中华人民共和国第八届全国人民代表大会第一次会议于 1993 年 3 月 31 日通过了《澳门特别行政区基本法》。其中第 34 条规定："澳门居民有宗教信仰的自由，有公开传教和举行、参加宗教活动的自由。"第 128 条规定："澳门特别行政区政府根据宗教信仰自由的原则，不干预宗教组织的内部事务，不干预宗教组织和教徒同澳门以外地区的宗教组织和教徒保持及发展关系，不限制与澳门特别行政区法律没有抵触的宗教活动。宗教组织可依法开办宗教院校和其他学校、医院和福利机构以及提供其他社会服务。宗教组织开办的学校可以继续提供宗教教育，包括开设宗教课程。宗教组织依法享有财产的取得、使用、处置，继承以及接受捐献的权利。宗教组织在财产方面的原有权益依法受到保护。"第 40 条规定，《公民权利和政治权利国际公约》等适用于澳门的有关规定继续有效。而该公约第 18 条规定："人人有权享受思想、良心和宗教自由。此项权利包括维持或改变他的宗教或信仰的自由，以及单独或集体、公开或秘密地以礼拜、戒律、实践和教义来表明他的宗教或信仰的自由。"

特区立法会根据《澳门特别行政区基本法》第 34 条的相关规定而制定了《宗教及礼拜的自由》（第 5/98/M 号法律）。该专门法由 5 章 25 条组成，内容包括：宗教信仰自由承认和保护，政教分离原则，宗教平等原则，宗教自由的具体权利，宗教信仰的隐私保护，宗教活动的自愿原则，宗教集会的保护和限制，宗教教育的条件，宗教活动不得做出法律禁止的行为，宗教结社自由，宗教财产的保护等条款。此外，《澳门刑法典》第 282 条规定了侵犯宗教感情罪。

根据澳门印务局的统计，目前共有 302 家宗教团体，依法按《结社权规范》（第 2/99/M 号法律）注册在案。澳门身份证明局负责审核宗教社团的注册事务。宗教社团有义务向特区政府申报年度财务收入，并承担相应税务责任。宗教社团可以注册为非营利社团，以此获得税务豁免。澳门的法规，既赋予本地的宗教社团拥有宗教自由的充分权利，又规范了本地的宗教自由界限，以期保证宗教社团在法律的框架内开展合法的活动。

在文章中，骆伟建、江华还重点分析了宗教自由的三个层面：一是内心的信念自由，二是行动的自由，三是宗教上的结社自由。澳门法律有效地保证了公民在这三个层面上的宗教自由权利。骆、江还分析了澳门法律关于宗教自由限度的规定，如宗教与国家、政治、法律、教育等的分离原则；国家对任何宗教团体一视同仁，禁止给予特权；各宗教团体与其他社会团体一样，可以行使集会、游行、示威等自由，向政府表达意见和建议，参与社会公开咨询和政治选举等，平等享有对社会公共事务的参与权。

大体来说，澳门特区政府关于宗教治理的一大特色，是用法规的形式来清晰地界定公民宗教自由的权利及其限度，而非以意识形态的判教方式，来强势地判定宗教的正统与非正统、正教与异端与否。特区政府与依法注册的宗教团体的关系，其实是一种契约关系。构架政教双方关系的信任基石，就是法律。特区政府只是将宗教团体视为一类常态化的社团，并将宗教团体的注册仅仅视为公民结社权的一种体现。其宗教治理方略具有阳光化和脱敏化的特点，是一种常态化治理。其宗教治理原则，归纳起来就是"法律化治理""社会化治理""社团化治理"，倡导和推动宗教团体的依法自治。

上篇的其他6篇文章，涉及的是第二类的内容，讨论的是澳门本地宗教团体自身的治理框架和根源于本宗教或信仰之核心价值观的治理体系。不同宗教团体的自治理念和自治体系虽然有所不同，各有特色，亦有共性。宗教团体自身的治理实践充分反映了澳门宗教文化的多元性和包容性。

其中，郑庆云的《澳门宗教团体的管治架构初探》关注的则是澳门宗教团体内在的组织架构及其管治效能。澳门宗教团体自身的内部管理具有典型的东西方混合基因。东西方宗教团体的组织构架具有开放型与保守型的差别。澳门宗教团体特别本土佛道团体的组织运作，虽然借鉴的是西方的三会制（会员大会、理事会和监事会），但往往把责任和工作成效维系在最高负责人身上，而不是团队的专业组成。为此郑氏对澳门宗教团体的内部管治变革方向提出了建议，希望澳门宗教团体在组织运作上有所变革，以便有效地应对未来的挑战。

贾晋华、白照杰的《澳门佛教团体的弘法活动和管理模式》、游伟业的《"石破花开"：澳门基督新教教会的治理与发展》、叶家祺和陈玉叶的《天主教修会的革新：梵蒂冈第二届大公会议对修会的训道及实践》3 篇文章，则是从个案考察的角度，具体讨论了佛教、基督新教和天主教的内部组织构架、自我治理实践以及在全球化处境下的适应与变革。

贾晋华、白照杰的文章罗列了澳门佛教总会、菩提禅院、国际佛光会澳门协会、澳门禅净中心、普济禅院（观音堂）、无量寿功德林、澳门佛教中心协会、国际联密佛教慈航会澳门分会（慈航寺）、澳门佛教青年中心、澳门国际创价学会等 11 个佛教团体的内部治理框架。澳门佛教团体的弘法活动和管理样式各有特色，亦有共通之处。比如：推广文化、教育、公益、慈善等社会建设；组织各种学佛、讲经、诵读、法会等普及佛法活动；僧人和居士会众共管佛教组织；坚持寺院建设和僧团的道风建设；制定较为完善的财务管理制度；各佛教团体相互合作成为常态。贾、白的文章也揭示了澳门佛教团体的内部治理构架受到本地区多元宗教生态环境的深刻影响。这些团体在吸收了西方宗教团体治理构架之际，融入了典型的东方威权治理色彩，因此能灵活地适应澳门多元社会的时代变革。

游伟业的文章从澳门基督教会治理牧养发展的角度，探讨了在澳门独特的全球化处境中教会的内部治理构架及其自我调适。澳门堂会的发展与差会或传统体制所密切关联，教会并未能完全达到自治、自养和自传的成熟阶段，必须努力栽培本地信徒及提供系统性的训练；此外，澳门教会与福音机构需要共享资源，建立社区教会的合作网络和教会事工与机构事工的网络，以推动宣教澳门的本色

5

化教会工作。因此,澳门教会要在神学教育、牧养、城市发展和布道事奉的实战中生根建造,才能产生对教会和文化的见证。

叶家祺、陈玉叶的文章并未具体涉及澳门的实例,主要分析了天主教管理教会的基本原则,修会制度的基本内容及法理依据,"梵二"对修会的改革信息,以及修会制度如何回应"梵二"而发生变革。虽然天主教会的组织原则具有全球性的特色,但该文仍然有助于我们理解澳门天主教的内部治理思路及因应之道。比如大公会议上强调重新思考修会生活的方式。多样的社区服务工作体现了修会对社会事务的积极参与态度,如澳门大部分的老人院有不同的女修会来协助服务,澳门有十多所教区经营的社会福利服务机构。澳门耶稣会陆毅神父终生倡导为穷人服务,成立"利玛窦社会服务中心",对澳门乃至大中华地区具有深远的影响。

澳门巴哈伊社团负责人江绍发的《培养宗教团体的治理能力——澳门巴哈伊的若干经验》、陆坚的《探讨澳门巴哈伊团体廉正理念》,则提供了一个来自宗教社团内部的鲜明诠释视角。两位作者兼具宗教的实践者与学者的双重角色,这有助于我们集中审视新兴宗教团体——巴哈伊社团的自我治理理念及其社区实践。

江绍发的文章试图从巴哈伊文献以及治理的整体知识的视角来理解信徒的行为。巴哈伊社团的主旨是为了实现良好治理而进行能力建设。在巴哈伊圣作中,"治理"指的是对一种信托的治理,是一种托管的表现。每个人都是作为社会的信托而来到这个世界的。巴哈伊治理体系的目标是帮助社区的全体居民获得社会、知识和灵性上的提升,从而为不断演进的全球文明贡献力量,因此治理也是一个培养能力的过程。个人、机构和团体可以从中获得新的知识、技能和态度。在社团治理体系方面,澳门巴哈伊团体设有一个总灵理会和三个地方灵理会，都是通过选举产生的治理机构。澳门灵理会与巴哈伊全球领导机构世界正义院及任命机构洲级顾问、辅助团成员保持着良好的关系。灵理会的选举被视为成员的责任与义务，体现了一种神圣的召唤。灵理会集体决策机制的特点是平等的"磋商"，并保证磋商过程的开放度、公共参与度、包容度。澳门巴哈伊社团现阶段的工作重心是社区建设行动，包括被称为"儒禧研习课程"的教育和培训项目。透过儿童灵性教育课程、少年赋能小组、各种研习小组、祈祷会等，巴哈伊社团不仅拥有了参与社区活动的人力资源，而且赋予参与者服务社区建设的能力。与社区建设相关的是受巴哈伊教义启迪的社会和经济发展项目，以及涉及全球文明发展问题的多层面的讨论。在此过程中，巴哈伊社团与志同道合的个人、非政府组织、学者和政府部门也开展了广泛的协商与合作。

陆坚则进一步地探讨了巴哈伊社团内在治理体系的机构、程序、政策和原则，以及如何将不同处境中的信徒凝聚起来，保护、弘扬他们的多元性和包容性，而该治理体系又在何种程度上有效地维护廉正价值并对抗团体自身的腐败。澳门巴哈伊团体注重被治理者的特点、领导人的素质、治理架构和程序的性质等三大要素，以保证治理体系的成效。澳门巴哈伊团体也强调权威和权力的分离，权力属于机构。服从是以个体对机构的自愿顺从为基础的，个人在任何时候都要服从于选举机构的权威。对权力的服从可以通过对权威的自愿服从来实现。而指引、教育和实践则是维护廉正的重要基础，因此巴哈伊社团积极倡导"学习的文化"，鼓励所有信徒参与儒禧研习课程并将其付诸社区的实践。而通过求助于巴哈伊经文的理念权威，以及各级机构不同层次的制衡制度，巴哈伊社团有效地维护了团体的廉正性和纯洁性。

二 澳门的宗教生态及其发展现状

澳门特区百年来独特的历史处境，使得各种宗教在澳门得以自由的生根和发展，并未受到人为的反宗教的政治因素干扰。澳门的法律法规在保证了"宗教自由"原则的同时，也强调了"文化尊重"原则。澳门并不否认本土文化的"先在生存权"和"先在合理性"，并未忽视本地的宗教文化多样性和对本土宗教文化权益的保护。因此，澳门的宗教生态一直以来呈现了多元、包容的显著特征，各大宗教平等竞争，和平共处，并未出现"宗教生态失衡"。在澳门，不仅基督教、天主教、伊斯兰教、佛教等建制性宗教有各自的生存空间，即便像传统的弥漫性宗教——民间信仰，以及本土和外来的新兴宗教团体，也各有生存的土壤。澳门对于传统庙宇贯以"寺庙"或"庙宇"的范畴，给予社团或财团法人登记，避免了由政府充当宗教裁决所的尴尬，从而关照了传统宗教和民间信仰的多神共尊、多元共融的传统。

本书下篇的3篇调查报告，主要关注的是澳门的新兴宗教和民间信仰传统。

邱永辉的《巴哈伊教的慈善理念及其在澳门的实践》，是对上篇江绍发和陆坚关于巴哈伊社团宗教治理体系讨论的纵深调查。这是作者继《巴哈伊教的发展话语构建初探》[①] 和《可持续社区理念之巴哈伊实践——赞比亚卡图约那村 PSA 项目考察》[②] 之后，又一篇基于调研的巴哈伊研究论文。作者关注的问题是巴哈伊社团作为

---

① 该文发表于《世界宗教文化》2011 年第 2 期。
② 卓新平、邱永辉主编《宗教与可持续社区研究》，社会科学文献出版社，2014。

一种外来的、信众较少的新兴宗教，是否有自己独特的慈善理念，而这种慈善理念又是以何种方式来呈现并实践的。透过系列的访谈和经典考察，作者得出了精确的判断，巴哈伊社团的慈善理念来自于该宗教的经典圣文，其信仰基点正是巴哈伊社团崇尚的"人类一体"的基本精神原则，慈善只是从不同层面来贯彻其精神原则罢了。巴哈伊社团并非将慈善作为一项孤立的事业，而是将慈善渗透在日常生活当中，特别是体现在"为全人类服务"的社会行动之中，这使得其慈善理念和实践在深度与广度上均超越了传统意义上的"慈善"。其中，巴迪基金会作为一个非营利组织，其精神原则完全是巴哈伊信仰的，并且也是传播巴哈伊信仰的慈善理念的"拓荒者"。基金会在澳门的项目——联国学校和青少年赋能项目取得了显著的成就。反思巴哈伊的慈善理念及其实践，其成熟的社会化运作模式，以及重视社区机构的能力建设，都发挥了相当重要的作用。由于巴迪基金会在北京设立代办处，并将工作重心转向中国大陆，该报告因此有意识地将巴哈伊的澳门项目与大陆项目进行了比较研究，从而也深化了对巴哈伊"人类一体"精神原则的理解。

陈进国的《一贯道在澳门的传播与发展》一文，主要考察的对象是澳门一贯道组线发一崇德道务中心的各个佛堂。作者讨论了澳门一贯道如何向中国内地地区及越南劳工开荒传道的情况，介绍了一贯道在澳门所面临的危机和挑战，并进而反思一贯道在华人社会中得以成功弘道的动力根源。目前，发一崇德澳门道务中心所开展的工作，包括长期开展澳门本地进修班课程的普通话或粤语培训、在澳门及内地积极推广中华经典教育、热心参与社会公益慈善事业等。澳门是台湾一贯道向中国大陆开荒宣道的重要基地。早期从福建、广东移居或偷渡到澳门的劳工，一直是一贯道在澳门开荒的主力军。不过，随着中国内地经济的快速发展，澳门一贯道在内地的开荒布道速度也开始减慢了。随着澳门回归后赌博业的快速膨胀，大量的越南人被吸引前来澳门淘金，从事澳门本地人不愿做的辛苦职业，由此越南劳工也成为一贯道开荒弘道的重要对象之一，并成为拓展越南宗教市场的一个重要的中介地。当然，澳门一贯道也面临着许多的挑战与冲击，对其危机处理机制和舆情应变能力提出了警讯。

叶涛的《澳门地区民间信仰管窥》一文，从一个资深民俗学家的视角，细致地描述了澳门的妈祖信仰、财神信仰、土地神信仰、石敢当信仰等民俗事项，充分展示了澳门的多神信仰和诸教融合的特点。作者并未太多去关注这些民间信仰背后庙宇与道教组织的联结，而是重点关注它们的生存状态及地域特色。作者指出，澳门民间信仰是团结、凝聚华人社区民众力量的重要文化因素，是澳门华人的精神寄托。而澳门居民的信仰习俗更深受旧居原乡的重要影响，带有粤闽地域文化的复合特征。像澳门祀奉金花娘娘的庙宇，有莲峰庙、包公庙、医灵庙、吕祖仙院、莲溪庙、观音古庙、雀仔园福德祠、路环金花庙，其信仰就源自岭南地区。澳门民间的海神信仰，如妈祖、朱大仙、三婆神、洪圣爷、水上仙姑、悦城龙母等，则与渔业生产、渔民崇信关系密切。澳门作为商业贸易口岸，特别是博彩业的发展，使得民众的财神信仰相当的普遍，成为一道独特的风景。至于澳门独特的地形地貌，也使得石敢当崇拜相当普遍，以起到驱邪避瘟、镇宅止煞的功能。民间信仰的神灵及其庙宇成为澳门社区空间布局中不可缺少的组成部分。

当然，如果我们从宗教治理的视角更进一步去观察澳门民间信仰的变迁的话，则不能忽视澳门民间信仰庙宇"泛道教化"的发展趋势。澳门现存有 50 多所民间庙宇，其中供奉有道教神谱的庙宇 29 所（不包括 4 所观音庙）。这些庙宇的管理组织，主要是由街坊或知名人士组成的值理会负责。2001 年注册成立的澳门道教协会，涵盖传统民间庙宇、正一派火居道院及道教坛堂三类。随着澳门道教协会加大开展一系列道教文化活动，如举行道教文化周、音乐会、文化展览、文化专题讲座、文化研习班，推广道教科仪，成立澳门道乐团等，澳门的民间庙宇的道教谱系认同也被强化了。澳门道教协会通过推荐庙宇会员参加江西龙虎山的授箓仪式，使得本地民间庙宇的属性进一步朝"道教庙格"转化，以此强化道教的信仰自觉。2012 年 10 月 27 日，"澳门道教文化节"开幕，澳门道协会会长吴炳鋕倡导澳门的土地庙和北帝诞申请澳门非遗。也就是说，澳门的民间庙宇的组织构架，会进一步参照道教的治理模式来自我清整。

上编

澳门宗教团体的治理

——法律架构与治理实践

澳门基本法与宗教信仰自由

骆伟建 江 华[*]

从世界范围内看，宗教信仰自由已为国际人权公约和大多数国家的宪法所确认与保障。尽管国际人权公约和各国宪法对宗教信仰自由的称谓、表述不尽相同，有的称为"宗教自由"，有的称为"信仰自由"或"宗教信仰自由"，但人们基本都认同宗教信仰自由对实现公民自由，维护社会稳定，促进教育、慈善、环保事业发展等方面的作用和贡献。那么，宗教信仰自由到底是一种什么样的权利？其内容是什么？澳门法律制度对宗教信仰自由有什么样的规定？本文试图加以阐述。

一 澳门宗教信仰自由的法律基础

1. 澳门基本法的规定

与大多数现代国家的宪法一样，我国宪法也将宗教信仰自由确立为一项公民的基本权利，我国《宪法》第36条明确规定："中华人民共和国公民有宗教信仰自由。任何国家机关、社会团体和个人

---

* 骆伟建，澳门大学法学院教授；江华，澳门大学法学院博士研究生。

不得强制公民信仰宗教或者不信仰宗教，不得歧视信仰宗教的公民和不信仰宗教的公民。国家保护正常的宗教活动。任何人不得利用宗教进行破坏社会秩序、损害公民身体健康、妨碍国家教育制度的活动。宗教团体和宗教事务不受外国势力的支配。"澳门特别行政区居民同样享有宗教信仰自由的基本权利和自由，《澳门特别行政区基本法》（以下简称澳门基本法）第34条规定："澳门居民有信仰自由。澳门居民有宗教信仰自由，有公开传教和举行、参加宗教活动的自由。"

此外，澳门基本法第40条还规定，《公民权利和政治权利国际公约》等适用于澳门的有关规定继续有效，而根据《公民权利和政治权利国际公约》第18条的规定："人人有权享受思想、良心和宗教自由。此项权利包括维持或改变他的宗教或信仰的自由，以及单独或集体、公开或秘密地以礼拜、戒律、实践和教义来表明他的宗教或信仰的自由。"因此，澳门居民宗教信仰自由的基本权利还受到《公民权利和政治权利国际公约》的保障。

2. 澳门法律的规定

为了实施澳门基本法第34条，立法会制定了《宗教及礼拜的自由》（第5/98/M号法律），以专门法的形式对宗教信仰自由做出了具体规定。该专门法由5章25条组成，分别就宗教信仰自由承认和保护，政教分离原则，宗教平等原则，宗教自由的具体权利，宗教信仰的隐私保护，宗教活动的自愿原则，宗教集会的保护和限制，宗教教育的条件，宗教活动不得做出法律禁止的行为，宗教结社自由，宗教财产的保护等做出了明确的规定。

除此之外，澳门其他法律中还有涉及保护宗教信仰的规定，如《澳门刑法典》第282条规定了侵犯宗教感情罪，对侵害宗教信仰自由的行为进行惩罚。

所以，总体而言，澳门对宗教信仰自由提供了比较完善的法律基础和保护。

二 澳门宗教信仰自由的内容和权利

1. 宗教信仰自由的含义

信仰自由属于思想自由的范畴。信仰是个人保持自己喜欢的行为原则（如主张、主义、世界观）以及根据此种原则生活的信念。宗教信仰是个人对具有超自然的超人格性质的存在，如造物主、上帝、神、佛等的崇拜心情和信念，并以此获得精神上的慰藉。澳门基本法规定居民有信仰自由和宗教信仰自由，是对居民的精神生活和思想自由的保障。

宗教包括信仰、教义以及礼拜、宗教仪式。宗教信仰自由是指可以有信仰宗教或不信仰宗教的自由，可以参加或不参加宗教活动的自由，可以参加或不参加宗教团体的自由。

所以，宗教信仰自由包含了三个意思。

一是内心的信念自由，信不信宗教，信哪一种宗教完全自行决定。

也就是说，每个居民既有信仰宗教的自由，也有不信仰宗教的自由；既有信仰这种宗教的自由，也有信仰那种宗教的自由；在同一宗教里面，既有信仰这个教派的自由，也有信仰那个教派的自由；既有过去不信教而现在信教的自由，也有过去信教而现在不信教的自由。

内心的信念自由是宗教信仰自由最核心的部分，属于意识上绝对的自由，人的思想不是法律所能控制的范围，每个人对自己的思想、信念都有绝对的支配权，不受任何他人和国家的干涉。毛泽东指出："我们不能用行政命令去消灭宗教，不能强制人们不信教，不能强制人们放弃唯心主义，也不能强制人们信仰马克思主义。"①历史也证明，用强制手段解决宗教信仰问题是行不通的，用强制手段干涉宗教信仰自由不仅无法消灭宗教，还会使宗教在秘密状态下得到一定程度的发展，而且可能激起信教居民的宗教狂热，造成信教居民与国家的对立，破坏社会稳定。同时，面对各种宗教和教派多元共存的局面，选择信仰哪一种宗教和教派也是居民的个人权利，国家和社会不能强制干涉，鼓动或歧视居民信仰某一种宗教和教派。

二是行动的自由，要不要参加宗教的仪式和活动，参加哪一种宗教的仪式或活动自行决定。

参加宗教的仪式和活动是信仰宗教的居民表达他们内心宗教信仰的方式，如拜佛、诵经、烧香、礼拜、祷告、参加宗教典礼、过宗教节日等。各个宗教在长期的发展过程中，都形成了一套自己独特的宗教仪式和活动，宗教仪式和活动是宗教信仰的重要组成部分，因此，只有保证宗教仪式和活动的自由才能完整地体现宗教信仰自由。

宗教仪式和活动不同于内心的宗教信仰，它已经通过行动将内心的信仰内容表现于外，因此也就进入了法律规范调整的范围。宗教仪式和活动与其他社会活动一样，需要受到法律的规范。一旦宗教仪式侵犯他人的合法权益或危害社会公共利益，国家就有介入的必要。

———————————

① 《毛泽东选集》第5卷，人民出版社，1977，第368页。

三是宗教上的结社自由，要不要参加宗教团体，参加哪一个教派也是自行决定。

宗教上的结社自由是居民结社自由的表现形式之一，信教居民可以在法律规定的范围内发起成立或参加宗教团体，通过宗教团体，加强信教居民间的交流与联系，增强凝聚力，传播其宗教思想。

同样地，宗教结社自由也不能脱离法律的轨道，宗教团体应当依法成立并依法活动。对于带有暴力色彩、危害国家安全、社会稳定和其他居民合法权益的种种邪教组织，国家将依法予以打击和取缔。

2. 澳门居民宗教信仰的具体权利

根据澳门《宗教及礼拜的自由》（第 5/98/M 号法律）第 5 条的规定，澳门居民所享有的宗教信仰自由的具体权利包括以下几方面。

第一，澳门居民有信奉或不信奉宗教、改变或退出原来信奉的教派，遵行或不遵行所属教派的规条的权利。任何居民均不得因不信奉任何宗教或其宗教信念或其宗教活动而遭到损害、迫害、剥夺权利，或者免除责任或公民义务。

第二，澳门居民有表达自己信念，单独或集体、公开或私自表示自己信念的自由。澳门居民有权通过行动表达其内心的信仰，可以基于表达内心信念的目的而进行集会或巡游，但须符合法律的规定，不侵犯社会的公共利益和他人的合法权益。

第三，澳门居民可以以任何方式推广其所信奉宗教的教义。澳门居民可以公开传教，向其他居民宣传宗教教义，吸收新成员加入其所信奉的宗教组织或团体，但必须征得被吸纳居民的自愿同意，且其参加的宗教团体必须按照法定程序成立及依法活动。

第四，澳门居民可以从事其所信奉宗教本身的礼拜行为及仪式。澳门居民有权参加其所信奉宗教的仪式和活动,而且澳门的宗教教派有权按一般规定维持、设置及兴建寺庙、教堂及用于进行有关礼拜及宗教活动的其他场所,但居民参加宗教礼拜行为及其他宗教仪式必须是自愿的。

三 澳门宗教信仰自由的保护和限制

宗教信仰既受法律保护,也受法律限制。

宗教信仰自由是一种内心的精神活动,一个人可以信仰这种宗教,也可以信仰那种宗教,法律对个人持有何种宗教信仰不加干涉。这是宗教信仰自由与法律的第一层关系。从这个层面上说,精神上的宗教信仰自由是一项绝对权利,不受法律的限制。

但宗教信仰与行为有一定的联系,许多行为是因宗教信仰而产生的,如果个人基于宗教信仰的原因,做出的某种行为与法律抵触,法律只能追究这种行为,而不处理宗教信仰问题。但对表达宗教信仰的行为,如有煽动、诽谤、破坏公共秩序的,或对他人人身造成伤害的,则要追究法律责任。这是宗教信仰自由与法律的第二层关系。从这个层面上说,宗教信仰自由突破了精神上的界限,内心的信念转化为外在的行为,因此,需要受到法律的规范和限制。

1. 澳门法律对宗教信仰自由的保护

澳门居民的宗教信仰自由受法律保护。

澳门基本法第34条规定,澳门居民可以信仰宗教、公开传教、举行和参加宗教活动。

澳门《宗教及礼拜的自由》(第5/98/M号法律)第2条规定:

"一、承认及保障人的宗教及礼拜自日，并确保宗教教派及其他宗教实体受适当的法律保护。二、宗教自由不容侵犯。三、任何人均不得因不信奉任何宗教或因其宗教信念或宗教活动而遭到损害、迫害、剥夺权利，或者免除责任或公民义务，但按法律规定行使良心抗拒权者则例外。"

《澳门刑法典》第 282 条规定，对侵犯宗教信仰自由的行为，如公然侵犯和嘲弄宗教信徒，污辱宗教崇拜的地方或物件，以暴力相威胁阻止或扰乱宗教崇拜的进行，公然羞辱或嘲弄宗教崇拜行为，处以一年的刑罚。

所以，澳门法律对宗教信仰自由提供了保障。

2. 澳门法律对宗教信仰自由的限制

如前所述，由于宗教信仰自由不仅涉及居民的内心信念，而且会外化为外在的行为，因此，通常法律在保护宗教信仰自由的同时，也做出必要的限制。

在国际人权公约和各国宪法中，都对宗教信仰自由规定了一些限制性条款，如《公民权利和政治权利国际公约》第 18 条规定："表示自己的宗教或信仰的自由，仅只受法律所规定的以及为保障公共安全、秩序、卫生或道德，或他人的基本权利和自由所必需的限制。"第 20 条规定："任何鼓吹民族、种族或宗教仇恨的主张，构成煽动、歧视、敌视或强暴者，应以法律加以制止。"我国《宪法》第 36 条规定："任何人不得利用宗教进行破坏社会秩序，损害公民身体健康、妨碍国家教育制度的活动。宗教团体和宗教事务不受外国势力的支配。"

归纳起来，法律对宗教信仰自由的限制主要可以分为以下几个方面。

第一，宗教与国家分离，不规定国教。这样做是为了在国家和宗教团体之间建立起一堵"隔离墙"，从而排除国家利用政权确立国教并强制公民信仰的可能。

《圣经》里有这样一句话："上帝的归上帝，凯撒的归凯撒"，也就是说国家与宗教团体的权力之间有明确的划分，宗教团体对自己权力范围内的事务有一定的管理权，这主要包括宗教团体内部的管理权、传教权，宗教团体之间的交往权等。而宗教团体在行使内部管理职能和进行传教时不能干涉国家的方针政策，更不能破坏国家的安全与稳定、扰乱社会秩序、损害居民的合法权益。如果一个团体打着"宗教"的旗号危害国家安全、破坏社会稳定、损害居民合法权益，那么国家就必须予以取缔。

第二，宗教与政治法律分离，任何居民都不能因为宗教信仰的理由而在政治和法律上受到歧视，信仰或不信仰宗教的居民以及信仰这种或那种宗教的居民应该一律平等。

国家和社会应当平等地对待每一个信仰或不信仰宗教的居民以及信仰这种或那种宗教的居民，每一个居民在政治、经济、文化和社会生活等方面应该得到平等的保障，当居民在政治、经济、文化和社会生活等方面因宗教信仰而受到歧视时，国家应采取措施予以制止和消除。

第三，宗教与教育分离，公立学校不设宗教课程，不强迫学生做宗教礼拜。宗教教育只在政府批准的专门的宗教院校中进行。

由于学生通常是未成年人，如果学校强制开设宗教课程，就存在变相引导、强迫学生信仰某种宗教的可能。实际上，在未成年人没有能力对是否信仰宗教或信仰哪种宗教进行选择的时候，由父母（或其监护人）替其做出选择是较为恰当的，因为父母一般较为了解孩子的个性特点，也极少故意对自己的孩子不利。因此，不少国际人权公约都规定未成年人的宗教信仰自由通过其父母或监护人代为行使。如《公民权利和政治权利国际公约》第 18 条规定："尊重父母和（如适用时）法定监护人保证他们的孩子能按照他们自己的信仰接受宗教和道德教育的自由。"《消除基于宗教或信仰原因的一切形式的不容忍和歧视宣言》第 5 条规定："父母或法定监护人有权根据他们的宗教或信仰，并考虑到他们认为子女所应接受的道德教育来安排家庭生活。所有儿童均应享有按照其父母或法定监护人意愿接受有关宗教或信仰方面的教育的权利；不得强迫他们接受违反其父母或法定监护人意愿之宗教或信仰的教育，关于这方面的指导原则应以最能符合儿童的利益为准。……对不在其父母或法定监护人照管下的儿童，在宗教或信仰问题上也应适当考虑到他们所表示的意愿，或任何其他可证明他们意愿的表示，关于这方面的指导原则应以最能符合儿童的利益为准。儿童接受有关宗教或信仰的教育，其各种做法决不能损害儿童的身心健康和全面发展……"

第四，国家对任何宗教团体一视同仁，禁止给予特权。为了保障不同的宗教和教派在法律规定的范围内获得平等的地位与公平的发展机会，国家不能给特定宗教或教派特殊待遇或特权。在不同的宗教或教派之间，也应该坚持地位平等、互相尊重、和谐共处的精神，和平友好地进行交往，任何宗教或教派都不得打击、迫害信仰其他宗教或教派的教徒。

澳门《宗教及礼拜的自由》（第 5/98/M 号法律）也有类似的规定。

该法第 3 条规定，澳门地区不指定任何宗教，不干预宗教教派的自由组织和礼拜。这体现了宗教与国家分离的要求。

该法第 4 条规定，在法律面前各宗教团体一律平等，不能产生政治上的歧视。这体现了宗教与政治法律分离的要求。

该法第 10 条规定，向学生提供任何宗教及其道德的教育，须经学生的父母或亲权行使者请求，并在有能力施教且不妨碍其教学自主的教育场所为之。16 岁或以上学生得自行行使以上所指权利。在宗教教派所开办的教育场所注册者，推定其接受有关教派所采纳的宗教及道德的教育，但父母和 16 岁以上的本人可以做出相反声明不接受宗教教育。这体现了宗教与教育分离的要求。

该法第 11 条规定，任何人的宗教活动，不得做出与人的生命、身心完整及尊严相抵触的行为，以及法律明确禁止的行为。这体现了宗教不能损害国家、社会和居民合法权益的要求。

另外，澳门基本法第 25 条规定，"澳门居民在法律面前一律平等，不因……宗教……而受到歧视"，这也体现了宗教与政治法律分离的要求。

四 澳门宗教团体对社会的参与权

宗教作为一种社会力量，在教育、慈善、环保、维护社会稳定等方面对社会的建设和发展起到了重要作用。一方面，宗教凭借其对信教居民的人生观、世界观、价值观的重要影响，发挥其对社会的影响力。另一方面，由各信教居民组成的宗教团体，也作为一种社会团体直接参与到社会的建设与治理当中，表达信教居民的利益和诉求。在后一种情况下，各宗教团体与其他社会团体一样，平等享有对社会事务的参与权。宗教团体可以行使集会、游行、示威等自由，向政府表达意见和建议，参与社会公开咨询和政治选举等。

根据澳门基本法附件一"行政长官产生办法"的规定，宗教界可产生自己的代表参与行政长官的选举。所以，《澳门行政长官选举法》第 13 条规定，宗教界的选举委员会委员，由宗教团体各自以协商方式提名，产生行政长官选举委员会的委员。宗教作为一个界别可以产生选举委员会委员，这充分体现了宗教界别和团体与其他社会团体在政治上具有平等的权利，政府关注和保障宗教团体、信教居民的利益，体现社会各阶层各界别的均衡参与。而宗教界别的选委会委员通过各宗教团体内部协商的方式产生，这体现了政府对宗教团体自主性的尊重。

除此之外，行政长官在草拟和公布新一年度施政报告前或政府在针对特定社会事务进行社会公开咨询时，都会听取和参考宗教团体的意见与建议，宗教团体也时常代表信教居民向政府表达诉求，这些都很好地实现了宗教团体的社会参与权。

因此，在澳门现行较为完善的宗教信仰自由法律制度下，澳门居民的宗教信仰自由得到了尊重和保护。各种宗教和宗教团体和睦相处，为澳门社会的和谐稳定做出了贡献。

澳门宗教团体的管治架构初探

郑庆云[*]

一　前言

由于历史和文化的原因，在仅有 55 万人口的澳门，就有 302 种宗教团体在政府注册[①]，平均每个团体拥有 182 人。按照澳门基本法，澳门特别行政区的居民享有信仰及宗教自由，所以澳门的宗教团体注册数字仍持续上升。

这些宗教团体除了履行日常的宗教事务外，它们或多或少都参与本地和境外的社会服务，以实践它们利物济世的宗教理想，从这个意义来说，它们也可归类为非政府组织（NGO）。目前活跃在世界各地的社会服务机构，多属非政府组织，因此本文所要探讨有关宗教团体的管治，也以这些活跃的 NGO 为参考点来进行讨论。下面首先回顾澳门宗教团体在涉及法律方面的管治。

二　法律上的管治

和世界各地差不多，澳门并没有专门为管治宗教团体和组织

---

[*]　郑庆云，澳门大学社会科学及人文学院历史系哲学宗教部教授。

[①]　澳门政府印务局 2013 年资料，http：//cn. io. gov. mo/Priv/categories/11. aspx。

而立法，特区政府把宗教团体归类为"社团"来进行规管，社团则必须依照政府所颁布的《结社权规范》（第 2/99/M 号法律）来组成。

澳门的社团注册事务由澳门身份证明局处理，主要核对申请注册的社团组织章程是否符合《结社权规范》的规定。由于宗教社团一般都带有社会公益性，所以在一些国家和地区，当地政府还允许它们豁免注册。有趣的是，虽然回归前澳门殖民政府的宗主国葡萄牙大部分人口信奉天主教，可以说是一个实质的宗教国家，但澳门殖民政府并没有因此而厚待宗教团体，豁免其注册，而当时订立的社团注册条例仍沿用至今。

在某些地区，宗教团体还可以选择以注册"有限公司"的方式在政府立案，取得商业登记。如此一来，宗教团体在财务上所要承担的责任，将可受控。由于宗教团体的管治机构通常由热心人士义务担当，所以这种注册形式实际上减少了他们在财务责任上的压力，间接鼓励更多有识之士投入服务，以进一步强化和开拓宗教团体的服务内容、对象和种类，而且可以补充政府在施政上的不足。不过在澳门，则鲜见有这种安排，这大概和澳门政府如何定义法人身份、责任与法人所允许的活动有关。

宗教社团成立之后，它们还有义务每年向政府申报财务收入，并承担相应税务上的责任。不过，只要这些社团活动是非营利性质的，它们可以申请注册为非营利社团。在政府核准下，可以获得税务豁免，之后它们从活动中所获取的收益将可全部且更有效益地运用到所需要的层面上。

在社团组织架构方面，澳门政府则规定注册社团应该有"行政管理机关及监事会"，还规定有关社团负责人的任期不得超过三年，不过政府并不阻止他们的续任。这是澳门宗教团体在法律管治方面的情况，下面探讨它们的实质架构和日常事务。

三　澳门宗教社团的架构与管治

（一）澳门宗教团体的架构与管治

　　澳门宗教团体的架构通常是三会制：会员大会、理事会和监事会。会员大会和理事会为政府明文要求成立的管治机关，会员大会由该团体的全体会员（成员）组成，由一名会长和数名副会长领道，分管不同领域的事务发展策略，为团体的最高决策机关，依照团体的使命和创办宗旨，制订团体的发展策略和工作方向。

　　理事会一般由一名理事长、数名副理事长和理事组成，负责履行会员大会所订立的计划和处理日常事务。理事会结构下设置有与一般商业机构无异的职能机关或相关人员以负责如人事、会计、财务、行政和市场拓展等事务，它还需要处理和策划资金筹措和项目发展事务，后两项职能为一般商业机构所无，也是这些宗教团体所必须重视和放在首要位置的部分。事实上，资金筹措和项目发展事务在今天的社会已经变成了一门与会计、工程等专业相当的学问。[①]这些发展说明，有效管治今天的非政府组织或者宗教团体，已经不能像过往一样把责任和工作成效系于最高负责人身上。比较遗憾的

---

　　① 关于资金筹措，有兴趣的读者可参考英国 Voluntary Services Overseas 所编写的一份工作指引：Bradshaw, Jane, *Fundraising Guide for NGOs*, VSO Working Paper, Voluntary Services Overseas（出版年份不详）。
　　至于项目管理方面，美国权威项目管理机构——项目管理学会（Project Management Institute, PMI）也为此成立了一个"非政府组织项目管理组群"（PM4NGOs Group），说明了社会对 NGO 的项目管理效益相当重视（http：//www. pmi. org/pmief/humanitarian/NGO. asp）。

是，东方宗教团体在澳门的现行运作，离这样的要求似乎还有一段不短的距离，有关这一点下面会稍作解释。

依照法例，澳门宗教团体的架构还必须包含"监事会"或与它职能同等的机关。监事会通常由一名监事长和数名副监事长组成，作用是在会员大会休会期间，由它来对理事会的工作进行适时的监管和辅道，并在会员大会年会上对理事会的工作表现提出报告。

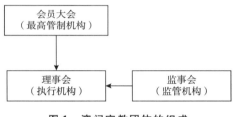

图1　澳门宗教团体的组成

（二）西方宗教团体的架构与管治

成熟的西方宗教团体一般透过选举产生会员大会、理事会和监事会的领道层成员，该团体的各个成员均拥有选举权与被选举权。选举办法通常有两种，一种方式是会员们只负责选出领道层成员，具体职位担任人则由领道成员互选产生；另一种方式是由会员们直接选出具体职位的担任人。在澳门有不少团体，为了增加它们的知名度、公信力与执行力，常常会邀请一些社会名流和专业人士，出任该团体的名誉会长和顾问等，希望可以为该团体的会务发展与实务工作提供需要的（行政和财务等）帮助和对会务提出具体的专业建议。

这些团体的理事会为它们处理日常事务的常设办公室，有一定规模的宗教团体通常会聘用全职雇员，处理日常工作。今天的澳门，具有一定规模的西方宗教团体也不少①，它们都是相当专业的组织，所以它们聘用的上层员工，也必须拥有相关的行政和实务经验，才能正确无误地协助该团体制定发展策略、纲领和辅助理事会执行已制定的发展计划。不过，也有一些团体为了保持组织的（宗教）纯粹性，理事会只能由团体的成员义务兼任，就现代管理学的观点来看，这样的安排并不一定对它的发展有利。原因显而易见，因为它们自我收窄了人才的来源。

这些西方宗教团体，基本上属于开放型的社团。它们的营运相当透明。每年会制作年度报告和项目发展报告，对过去一年所举办的活动做出具体总结。② 一方面，这些报告可以让团体的负责人与工作人员检讨过去一年的工作，并适时地作出修正，以符合团体的服务宗旨与发展计划，使其更有效地服务社群；另一方面，年度报告中的财务报告部分可以让捐款者明了他们捐款的去向，以及检查这些团体的活动是否与它们的使命相吻合，从而决定是否延续对它们的支持，这是一种相当负责任的管理态度。实际上只要年报的读者拥有一般的财务知识，他们便可以清楚得知这些团体的运营效益。不过也有一些西方宗教团体，选择不披露这些敏感的财务资料，以保持它们运营的主动性。这种方式在现代开放型及讲求公信力的社会，估计最终难逃被边缘化的命运。

（三）东方宗教团体的架构与管治

本文所指的东方宗教团体其实只包括传统中国佛教与道教团

---

① 以西方宗教团体身份服务香港和澳门地区的组织有很多，较有代表性的有宣明会和明爱两大机构，它们的服务广泛，包括教育、扶贫和赈灾等。
② 以宣明会为例，我们可以很方便地在它的网站取得其年度与项目报告，http：//www.worldvision.org.hk/about－us/annual－reports。

体，因为法律上的要求，它们的主要架构与西方宗教团体无异。然而不少东方宗教传统团体为了确保团体的管理权不会因为法律上的疏漏而落入旁人之手，最后丧失原来的创立宗旨，这些传统东方宗教团体宁愿采纳保守的态度来进行管治。

这些团体的建立，往往以创办人的个人魅力、公信力和公认的高道德操守为出发点，在他身边发展出一群追随者，成为团体的活跃分子，这些活跃分子由于热心参与团体的实务工作，在团体领道机关的组成过程中自然有举足轻重的作用，因为他们最能左右选举的结果。

站在现代管理学的角度来分析，这种模式可以让它们的管治权得以维持，但却因为没有新人物适时的加入和借此引入新的思维，随着时间的迁移，这些团体的发展只能更加保守，日趋老化，难以适应社会的实际发展所需，它们的社会服务亦因此而日渐萎缩。它们本来想透过这种方式来保证团体的创办宗旨不会因人事变迁而变改，然而最终却反过来变成自身发展的绊脚石，这恐怕是它们始料不及的。

这些东方宗教团体有些会发布年度报告和项目报告，有的则没有，但它们都有一个共通点，就是大都不愿意披露自身的财务状况。当然，它们还是需要按照法律上的要求，提供每年的流动资产报告，但这并不足以反映它们的具体财务状况。没有这些资料，它们的支持者实质上无从全面地评估它们的运营效益。

这种操作模式是这些（佛道两教）团体的先天缺陷，它是否能良性发展往往系因负责人的质素、抱负和能力，是一种条件性很强的操作模式。而在现代管理理论中，条件性很强的操作模式预示着可持续的困难。幸运的是这类团体的负责人，大多是真诚的教友，他们拥有强烈的宗教使命感，这种使命感会变成团体的发展动力，由此使这些团体短时期内得以高速发展，但由于要保持这种强条件性模式的成本太高，所以笔者对这种管治的延续性持极大的怀疑态度。

最后值得一提的是，举凡宗教团体，不管它是保守型还是开放型，其成员（教内的信仰者）都会对团体有较高的忠诚度，除非有重大的法律事件出现，他们都不会轻易丧失对本团体的信心，这也是宗教团体本身先天的发展优势，值得这些团体关注和善用。

四　管治建议与结语

笔者以前在不同的宗教团体担当过不同的角色，原本希望以某传统宗教团体为主干来对本文的议题进行讨论，但鉴于行文难免涉及一些它们不愿意披露的资料，故此改变了写作方向，只作一般概述性的探讨。然而笔者相信本文已就澳门传统宗教团体的管治现况，做出了一些简要介绍。在此基础上，笔者提出一些初步的变革建议。

环顾周遭的非政府组织，我们会发现没有宗教背景的团体，它们对社会方方面面的贡献，往往比有宗教背景的团体更大和更集中，其中的佼佼者有"无国界医生"、"微笑行动"及联合国属下的"联合国儿童基金"等。它们的发展有下面的一些特点。

开放式管理。让捐款者明白他们捐献的用途和效益，从而说服和吸引捐款者持续对这些团体做出定期或非定期捐献，以维持它们对已开展项目的日常运营和开发更多的项目。

开放领道层，并进行专业化管理。领道层的组成由全体会员选出，有一套完整的轮换机制，让有能力和带有时代性的人物在适当的时候分别领道团体的不同组成部分，制定和履行发展策略，实践团体的使命。这样的一种模式并不倚赖个人，而是一个集体的专业团队，所以团体的管治水平和成果能得以持续发展。

邀请社会上的知名人士及专业人士参加，成为团体的名誉会长或顾问。这种安排可提高团体的知名度，利于吸引更多的社会人士参加和支持团体的工作。而专业人士的加入，将会更有效益地改善和提高团体的专业服务水平。

组成专业的资金筹措和项目管理团队。这两个团队可以由团体成员、团体全职雇员和义务工作者三方面组成。团体的使命和目标能否实现，实际上有赖这两大团队的努力，可以说是团体实务工作的核心部分。

组织专业的义务工作者群体，以支援理事会的日常工作。参与是一种有效吸引和维持捐款者、支持者的重要手段，人们除了可以从枯燥的数据看出团体的行政效益外，实在没有其他方法比直接参与更能让社会人士了解团体行政工作上的困难、局限与实际效益。其实，一个有系统的义工组织不仅可以为团体节省必要且庞大的行政开支，也是一种非直接的资金筹措手段，同时也可以让团体成为一个灵活多变的集体。

恰当的宣传工作。这是一种让社会人士知道团体存在和其工作使命的重要手段，当然宣传工作会牵涉不少宣传成本，但舍此似乎并没有更便捷的方式来推广团体的服务。这也是非政府组织日常的重要工作之一，因为如果宣传工作开展不理想，则资金筹措将倍加困难。

聘用全职员工处理理事会日常工作和执行会员大会所制订的计

划。团体一般会放手让全职雇员处理日常工作和具体决定如何实现会员大会所制订的发展计划。事实上，澳门传统宗教团体对这种安排最不以为然，所以它们所聘用的全职雇员大都只负责执行简易但烦琐的行政工作，而忽略了这些（一线）员工才是最了解团体成员与捐款者和支持者的期望这个事实，这使得它们逐渐与社会的需求脱节，所以信任是对这些雇员最有效的管理方法。

参考上述七点，大概也为澳门佛道两教的管治，指出了一个相对具体的变革方向。事实上，笔者感觉到澳门本土的佛道两教团体在最近几年也开始慢慢地进行变革，笔者衷心希望它们能认真总结和检讨自身的运营状况，做出相应且合适的改变，放开步伐，以迎接更具挑战性的未来发展，使宗教上赋予它们要对众生关爱的使命，能付诸实践和完成。

澳门佛教团体的弘法活动和管理模式

贾晋华　　白照杰*

澳门佛教的渊源，如果与佛教在广东香山县的传播相联系，可以追溯至唐代咸通（860～874）初，距今已有1000多年历史。澳门境内有史料可稽的寺院，则为始建于明代天启三年（1623）的普济禅院（俗称观音堂）。①经过近400年的发展，佛教已成为澳门最重要及拥有最多信徒的宗教团体之一。目前在澳门政府正式注册的佛教组织有40多个②，其中较为活跃者为澳门佛教总会、菩提禅院、国际佛光会澳门协会、澳门禅净中心、普济禅院、无量寿功德林、澳门佛教中心协会、国际联密佛教慈航会澳门分会（慈航寺）、澳门佛教青年中心、澳门国际创价学会等。

澳门各佛教寺院组织的活动和管理方式与其他大中华地区的佛教团体有许多共同之处，但也有其独特的表现。本论文以上述11个重要佛教组织为观察对象，根据相关文献资料及实地调查的

---

* 　贾晋华，澳门大学人文学院哲学及宗教学教授；白照杰，澳门大学人文学院博士候选人。

① 　郑炜明、黄启臣：《澳门宗教》，澳门基金会，1994，第12～13页；何建明《澳门佛教：澳门与内地佛教文化关系史》，宗教文化出版社，1999，第17～19页。

② 　根据澳门印务局所公布的文件，http://cn.io.gov.mo/Priv/categories/11.aspx，2012年9月7日浏览。

资料①，对当代澳门佛教的弘法活动（包括佛法宣传、文化事业、教育事业、慈善事业等）和管理模式做出描述和分析。

一　澳门佛教总会

澳门佛教总会由健钊法师和机修法师发起，于1996年成立，成员包括澳门各佛教寺院和组织，旨在团结澳门佛教界人士，宣扬佛教教义，举办重要弘法活动和慈善活动，并代表澳门佛教团体与澳门社会各界及其他国家和地区进行各种合作交流活动。澳门佛教总会的理事机构设在菩提禅院，现任会长为泉慧法师，理事长为健钊法师。

澳门佛教总会成立以来举办了众多公众法会和慈善公益活动，较重大的事件包括：1999年12月20日澳门佛教界庆祝回归祖国活动；2006年6月通过澳门红十字会向印度尼西亚地震灾区捐献10万澳门元；2008年5月通过中联办向四川地震灾区捐献20万澳门元；2009年11月3日与中国佛教协会合办"庆祝国庆六十周年，澳门特区回归十周年感恩祈福法会"；2012年4月30日至5月4日与中国佛教协会、澳门中华宗教文化交流协会、澳门宗教文化交流协会共同主办"恭迎佛陀顶骨舍利莅澳供奉瞻礼祈福大会"，吸引15万人次瞻礼。澳门佛教总会与澳门政府在菩提禅院合办了一个澳门最大的安老院，可接受400多位老人，现已建成开业。澳门佛教

---

① 文献资料包括各寺院保存碑文，《澳门佛教总会会刊》《佛光世纪》《慈航通讯》《澳门佛教青年中心通讯》等佛教团体所办期刊及其他弘法资料，禅净中心、功德林、慈航会等网站，澳门本地及大中华地区新闻报道，以及学者的研究著作等。实地调查资料根据白照杰于2012年8~9月间对菩提禅院、国际佛光会澳门协会、澳门禅净中心、普济禅院、无量寿功德林、慈航寺等进行的访谈。

总会经常组织代表团参加国际佛学论坛及到各地从事各种交流活动。

澳门佛教总会编辑出版《澳门佛教总会会刊》，双月刊行，已经出版了92期。此外，澳门佛教总会曾多次在菩提禅院举办一年一度为期7天的暑期菩提之旅静修营，为佛教徒创造一个听闻佛法和实践寺院生活的机会，学员大部分来自澳门和香港。

澳门佛教总会会员分为普通会员和基本会员两种。普通会员入会费20澳门元，入会一年后经两位基本会员介绍，可申请成为基本会员，基本会员须每年缴纳会费。普通会员可享用或参与本会所提供之福利及活动，有权参加会员大会，有参与和发言权，但没有选举、投票和被选举之权利。基本会员可享用或参与本会所提供之福利及活动，每年要缴纳会费300澳门元，可参加会员大会，有选举、投票和被选举之权利。会员分四组：比丘、比丘尼、男居士、女居士。澳门佛教总会的组织机构由会员大会（任何会员皆可参加）、理事会和监事会（须由基本会员产生）组织而成。总会设有会长一名，副会长若干名，会员大会有秘书长一名，副秘书长一名；理事会有理事长一名，副理事长若干名，秘书长一名，副秘书长一名，司库一名，副司库一名，理事若干名；监事会有监事长一名，副监事长一名，秘书长一名，监事若干名；另有名誉顾问若干名。司库和副司库负责财务管理，按时向理事会和监事会提交财务报告。《澳门佛教总会会刊》由信众捐款助印，每一期结尾都清楚地列出刊物用款的收支统计。

二 菩提禅院

菩提禅院位于澳门氹仔卢廉若马路。禅院存有卢逸岩撰于1989

年的《菩提禅院碑铭》，智圆法师于1960年购入居士罗维宗拥有的菩提园，后扩建为如今颇具规模的菩提禅院，成为传播净土信仰的道场，所谓"莲池嫡裔，衍脉濠江"。[①]不过，与当代多数中国佛教寺院一样，菩提禅院现在的日常修行功课已经一般化了，与净土理论和实践没有特定的直接关联。

由于澳门佛教总会设于菩提禅院，禅院负责刊行《澳门佛教总会会刊》，并负责举办一年一度的静修营。菩提禅院经常主持各种大型公众年节法会，例如，2012年的公众法会活动有：供天祈福法会、观世音菩萨诞、梁皇法会、释迦牟尼佛诞、观世音菩萨诞、盂兰法会、重阳法会、金刚经酬恩法会等。菩提禅院还频繁举办各种讲经会、念佛会、敬老斋宴等，并积极从事慈善活动。2008年5月12日汶川地震发生后，菩提禅院立即通过澳门红十字会捐献善款20万澳门元。2008年5月，菩提禅院捐献善款20万元人民币于湖南省泸溪县建成智圆甘溪希望小学；2009年5月，菩提禅院捐献善款20万元人民币于湖南省官坝小学建成智圆楼，并赠送120份书包和文具用品，又捐献善款20万元人民币于湖南省凤凰县麻冲乡扭仁村建成智圆小学。禅院还应邀为私人做祈福、超度等法事。

菩提禅院现有三位常住尼僧，一位为住持健钊法师，一位为其徒弟，另一位为其徒孙（尼僧）。寺院独立管理，住持主管所有事务，徒弟负责具体劳作、接待客人等。住持是终身制，传承方式为师傅传弟子，一脉单传。如果有多位弟子，一般会将住持位置传给大弟子。禅院日常修行功课的规定为：三点起床，五点撞钟，其后早课，诵《楞严咒》、《十小咒》等；上午十一点上供，下午四点晚

---

① 郑炜明、黄启臣：《澳门宗教》，第13～14页。

课，晚七点敲钟。早晚课所用书为《早晚课念诵仪轨》，有时会请香港的法师来禅院说法讲经。菩提禅院的经济来源主要为捐赠及素菜馆的收入，资产用于维持寺院和公众法事及慈善活动。

三　国际佛光会澳门协会和澳门禅净中心

国际佛光会澳门协会隶属于台湾国际佛光会世界总会，创立于1996年1月，现有松山、氹仔、路环及青年团四个分会。澳门禅净中心隶属于台湾佛光山，1995年开始在澳门弘法，1996年1月正式建立。国际佛光会澳门协会（以下简称佛光协会）和澳门禅净中心（以下简称禅净中心）位于澳门文第士街，为澳门最大的都市佛教道场，三层楼宇总面积达8000多平方英尺。硬件设施包括佛殿、多元化功能禅堂图书馆、教室阅览室、餐厅、客厅，均具有完善的视听设备，以发挥弘法度众的功能。另设有办公室、佛教文物流通处、厨房及数间客房等为信徒服务。

佛光协会和禅净中心倡导人间佛教，建设人间净土，重视教育、文化、修行、服务。两个组织相辅相成又各有分工，佛光协会主要负责对外的活动，禅净中心则主要负责修行和法事等活动。佛光协会和禅净中心除于各种佛诞年节举办公众法会外，还致力于弘扬佛学知识和推广各类文教慈善活动，开办都市佛学班、读书会、佛学初中级班、禅修初级班、学佛行仪、不定期之佛学讲座、参学朝圣团、医学讲座、各类才艺班、赠送书籍及敬老、探病、捐血等各类公益活动，成立15年来累计举行400多项活动，为人间佛教在澳门的推行做出了重要贡献。佛光协会于2008年捐献善款100万元人民币，在四川省彭州市

兴建安老院及维修寺院；另捐献善款 27 万元人民币在云南省南
漳县无量乡和平村建成一座"澳门佛光希望小学"，该希望小学
于 2009 年落成使用，全校共有师生 300 多人。^① 禅净中心设有网
站，旨在宣扬佛学知识及其他文化知识。^② 禅净中心只帮助会员及
其至亲做私人法事。

佛光协会设有会长一人，副会长若干人，秘书一人，财务一
人；理事会有理事长一人，理事若干人；监事会有监事若干人。会
长、理事、监事皆由选举产生，秘书和财务由会长指派。选举三年
一期，可以连任一期，退位的会长一般成为督导。所有管理人员皆
为义工，未从协会领取报酬。佛光协会现任会长为泉慧法师（已圆
寂），现有会员 500 多人，每年一次向佛光总会递交分会管理的相关
报告，并在世界大会上汇报弘法成就。禅净中心由台湾佛光山派来
的指导法师负责，现任指导法师、住持为觉仁法师。佛光协会和禅
净中心的经济来源主要为会费（每人每年 200 澳门元）和捐赠，也
可向澳门基金会申请活动经费。资产用于维持协会和中心运转，及
举办各种公众法会和文教慈善活动。

四　普济禅院（观音堂）

普济禅院位于美副将大马路，背倚望厦山。根据院内所存慧因
法师撰于 1936 年的普同塔志，普济禅院于明代天启三年（1623）
由循智法师开山创立，至明代崇祯五年（1632）建普同塔。另据禅

---

① 参看国际佛光会澳门协会编《2011 国际佛光会澳门协会成立十五周年会刊》，澳门：
佛光缘文化出版公司，2011，第 19～20、79～91 页。

② 禅净中心的网址为：http：//web. fgs. org. tw/index. php？ ihome = e30303。

院后山所存济航法师所建石碑，以及院中所藏《西天东土历代祖师菩萨莲座》所录世系，可知普济禅院历代住持自称传承禅宗曹洞系。[①]但是，与当代多数中国佛教寺院一样，普济禅院现在的日常修行功课已经一般化，与禅宗理论和实践未有特定的直接关联。

除了参与澳门各种重大佛教活动，普济禅院的主要弘法活动为印经和举办公众年节法会，最重要者为浴佛节、盂兰盆节、寒食节大悲三大法会。

普济禅院现有 10 位常住僧人，主要管理人员为住持、监院、知客。住持统筹管理，监院具体管理僧众事务，知客负责接待客人。现任住持为良悟法师。管理职位一般是师傅传给弟子，且为终身制，除非个人想转投他寺才将职责交接给其他人，但仍为去他寺挂单的僧人保留职位，如此僧人返回，则将此职位重新交给他。禅院的日常修习功课为：早起撞钟，五点做早课，诵《楞严咒》；下午三点半做晚课，诵《韦陀咒》。僧人的收入按中国佛教协会规定的基本工资标准执行。经常有施主自愿来寺中帮忙打扫，担当义工。有些较年轻的僧人自愿出外就读佛学院。院中僧众流动性小，如想离寺进入其他寺院，首先需要向将要挂单的寺院住持讨单，对方允许后方可以安单。离寺僧人需要向住持申请并获得同意，将寺中常住物交接清楚，方可离去。

普济禅院的常住产业，除禅院本身，还有一些俗人赠予的房地产等，此为澳门老寺院的普遍现象。禅院自负盈亏，收入来源主要为捐赠和做私人法事，资金投向公众法会和慈善活动、请杂工维修寺院、寺院日常生活的维持、常住僧人的基本工资等。禅院设有财务会计，住持如需动用资金，也必须经过财务。作为澳门最早的和

---

① 郑炜明、黄启臣：《澳门宗教》，第 12 ~ 13、16 ~ 17 页。

最具规模的佛教寺院，普济禅院存有较多重要的历史文物，皆归澳门特区政府文化局管理，但实际保护和管理者为寺内僧众，如有维修、损坏等情况，则需要向文化局报告。

五　无量寿功德林和澳门佛教中心协会

无量寿功德林位于澳门三巴仔街。根据功德林所存观健法师于 1926 年所撰碑文（木碑）及其他碑铭数据，其房宅原为香山居士张寿波兄弟所租赁，作为其母之念佛道场，其后随喜者众，逐步扩展，渐成规模；至 1923 年简济善堂兄弟斥资购置基址房产，正式向政府注册，成为女众专修的道场，定名为无量寿功德林，并在此设立佛学院。[①]　张寿波后出家，号观本，曾任功德林住持。[②] 功德林从创建之初，既提倡净土法门，又以禅宗临济系为传承宗系。观本法师称临济第四十四世，现任住持戒晟法师则称为第四十五世。[③] 然而，功德林目前的日常修习功课已经一般化，和当代多数中国佛寺一样，与禅宗的理论和实践并无特定的直接关联。

在弘法活动方面，无量寿功德林积极参与澳门各种重要的佛教活动，并独力举办各种弘法活动，包括公众性佛教法会，印发佛教经典，每周一晚上举办佛学班，周五晚上由法师率众诵经，经常组

---

① 谭世宝、王晓冉、胡慧明：《澳门无量寿功德林创立之史迹新探》，《法音》2009 年第 1 期，第 37～42 页；《文化杂志》，2009，第 193～220 页。

② 郑子健：《观本法师事略》，《圆音月刊》1947 年第 5～6 合期，第 17～20 页；何建明：《澳门佛教》，第 62～92 页。

③ 谭世宝、王晓冉、胡慧明：《澳门无量寿功德林创立之史迹新探》，第 37～42 页；何建明：《澳门佛教》，第 62～92 页。

织义工团队开展公益活动等。无量寿功德林建有自己的网站，借以宣传佛学常识和健康知识等。①

　　无量寿功德林是独立运行的机构，僧尼主要来自大陆地区，现共有僧人两位，尼僧八位。管理人员为住持、知客僧、行堂组长等。普通僧人皆有工资，但住持不从无量寿功德林领取工资。居士参与寺院内的工作，充当义工，但不参与管理。院中的日常修习功课为：冬天，五点早课，下午三点半晚课，晚十点休息；夏天，五点半早课，下午四点晚课，晚十点休息；早晚念诵内容依照《念诵仪规》。另外，无量寿功德林经常请香港或内地僧人前来讲经。僧尼可自愿报名出外就读佛学院，随个人佛学级别选择学校和科级。无量寿功德林的常住产业为寺院，经济来源主要是为私人做法事收入。资产投向于慈善事业和维修寺院。院中设有财务会计，所有钱财使用都需要经过财务。院中还立有各种严格的规约，所有供养常住僧人的钱财、衣物、食物及任何物品都必须全部交到写字楼统一安排，个人不准接受，以达到普同供养，违反者遣单处理。此外，还有"殿堂规约""斋堂/行堂规约"等，详细规定常住僧人的各种日常行为和仪范准则。

　　澳门佛教中心协会成立于 2007 年，会址即设于功德林内。该协会和无量寿功德林是相辅相成的组织，经常联合举办活动，有时也以各自名义分别举办活动。澳门佛教中心协会旨在促进佛学文化的交流、弘扬和研究，以及向公众提供一般专业技术教育、文化消遣、宗教活动、讲座及会议，促进一切社会公益活动、布施等工作。澳门佛教中心协会成立以来的主要活动有：2008 年 11 月举办庆澳门回归九周年的"千佛耀濠江"祈福大法会；2009 年 12 月与无量寿功德林、

---

　　① 功德林的网址为：http：//www.kongtaclam.org。

香港《文汇报》联合举办"万佛佑澳门"祈福大法会,庆祝澳门回归10周年,祈求人民安乐、世界和平,参与者包括来自世界各地的汉传、南传及藏传佛教高僧代表;2010年7月举办"澳门减碳环保素食节";2012年5月与无量寿功德林、澳门民政总署合办"庆祝佛顶骨舍利莅澳·恭贺世尊诞传灯法会"等。兼任澳门佛教中心协会会长和无量寿功德林住持的戒晟法师为香港佛学会创办人、厦门华严寺住持,多年来致力于推广佛教慈善事业,先后在大陆地区资助重建167所学校、10所医疗卫生室、13所学校图书馆,并于多所高校中设立助学金。澳门无量寿功德林也参与了这些慈善事业。

六 国际联密佛教慈航会澳门分会(慈航寺)

国际联密佛教慈航会澳门分会由陈果齐金刚上师创建于1992年,位于澳门筷子基白朗古佛军街。2003年建成慈航寺,寺内按照金刚乘仪轨,供西藏密宗佛殿和历代传承祖师法坛,为藏传密宗道场。目前主要负责人为张仲贤先生。

慈航会每年举办众多弘法活动。首先是各种公众年节法会,包括新春祈福法会、农历四月佛祖贺诞法会、农历七月超幽法会、农历十月莲华生大士法会、火供诸天法会、水陆放生法会、求授皈依礼等。其次,慈航会积极参与社会公益事务,培训社会服务义工人才,探访和投入善终服务,组织义工至各社会服务团体协助各类活动,如探访老人院、儿童院、医院及设斋宴招待长者等。慈航会出版印发《慈航通讯》季刊及经书,并建有网站①,介绍宣传佛学知识,联络信众和公众。慈航会还开办佛学课程和讲座,组织朝圣、

---

① 慈航会的网址为:http://www.ubms.org.hk/zh-hk/macau。

旅行、兴趣小组、儿童暑期班及其他儿童活动、医学讲座和义诊等众多活动，并开办澳门童军第十八旅。

慈航会设有完备的组织架构，总监和副总监之下，分别设有弘法委员会、社会服务委员会、编辑及信息组、会籍组、康体组、总务组及专案统筹。各组织既分工又合作，使得众多弘法活动得以有条不紊地举行。所有组织职务皆由选举产生，每年一届，可以多次连任。会员有数百人，管理人员和会员皆为义务工作。慈航寺常年10：00~19：00开门接待访客。寺中日常修行为早晚功课，念诵经典及法咒，并经常延请高僧讲经。慈航寺常应邀为私人举办消灾、超度、祈福等法事。慈航会和慈航寺的主要经济来源为私人法事，资产投向于各种弘法活动和慈善事业，有严格的财务管理。

七　澳门佛教青年中心

澳门佛教青年中心于1991年11月正式注册成立，其宗旨为弘扬佛法，推广佛教，为需要地区和人士提供宗教上的援助，举办文化活动及推广佛陀慈悲，协助本会会员等。2002年开设办事处及青年中心，进一步开展日常服务，地址在澳门渡船街。

澳门佛教青年中心致力于推行台湾法鼓山佛学理念，并积极开展各种文化教育、社会服务和信息传播。青年中心设有香积厨、佛殿、办事处、自修室、藏书室、计算机室等。藏书室收有佛学、史哲、教育、亲子、消闲等书籍，供市民免费借阅。自修室为学生提供一个宁静及舒适的学习环境，并有导师为学生免费解答学习上的疑问。青年中心定期开展念佛诵经、佛学讲座活动，并在澳门广播电视台设立佛教教学节目，邀请高僧名师讲解佛学。青年中心还经常组织义工团，定期聚会及参与社会服务。青年中心经常举办念佛会、生日会、敬老活动及各种才艺班。青年中心还积极从事慈善活动。2004 年印尼海啸发生后，青年中心共捐献善款 25 万港元于佛教慈济基金泰国分会、印度尼西亚分会、联合国儿童基金会香港分会、国际红十字会。2005 年印巴地震后，青年中心捐献善款 3 万港元于联合国儿童基金会。青年中心设有印经基金，出版佛学丛刊数种，并办有《澳门佛教青年中心通讯》，为澳门市民及中心会友提供最新活动信息。

青年中心立有"澳门佛教青年中心规则"，对进入中心、使用中心设备、行为守则、会友义务、参加活动、参与户外活动等做出了详细具体的规定。澳门佛教青年中心的组织机构包括会员大会、理事会及监事会，皆由会员大会选举产生，每两年一届。会员大会由理事长主持。理事会为行政管理机关，成员包括一名理事长，一名副理事长，两名秘书及一名司库（出纳员）。司库负责财务收支管理和报告。监事会负责监察理事会的活动及定期检查和监察财务账目，由一名监事长、一名副监事长及一名委员组成。所有管理人员皆义务工作，不收取任何薪酬和利润。青年中心经费主要由捐赠和遗产组成，资金投向为各种弘法慈善活动。

八　澳门国际创价学会

创价学会（原名创价教育学会）于 1930 年创建于日本，以日莲佛法的生命哲学为基础，至 1975 年由池田大作扩展为国际创价学会。澳门国际创价学会于 1991 年正式成立，现有会员 500 多人，会长为李莱德先生。学会以日莲佛法为宗旨，致力于推进和平、文化及教育，通过各类型的座谈会、文化和教育交流及出版书籍等活动，与会员一起研习和实践佛法，并将之融入生活。

目前澳门国际创价学会在黑沙环新巷荣升花园大厦拥有一所环境清雅的文化会馆，内有读书室、礼堂、会议室、课室，会员经常举行勤行、唱题、佛法对话、座谈会、御书学习会、教育部员学习会等。创价学会积极参与澳门各种社会、文化、教育、慈善活动。池田大作多次访问澳门，荣获澳门大学荣誉博士学位，担任日本研究中心名誉所长、葡亚研究中心名誉所长等。日本创价大学与澳门大学之间的学术交流、学者互访、学生交流日益频繁，澳门国际创价学会累计向澳门大学赠送逾 5000 册图书。澳门国际创价学会其他重要活动包括：2007 年 4 月举办"鲁迅是谁"图片展；2008 年 5 月通过中联办向四川地震灾区捐款 20 万澳门元；2009 年 7 月举办"庆祝澳门特区成立十周年、创价学会成立八十周年文化会演"；2009 年 9 月通过澳门红十字会捐助台湾遭受水灾同胞 10 万港元；2010 年 7 月与广西艺术学院、漓江画派促进会合办"美丽广西 · 情系世遗——漓濠双江书画展"；2010 年 9 月与广西艺术学院、漓江画派促进会联合举办澳门中学生"传承与创新——我眼中的澳门历史城区"绘画比赛，活动吸引了澳门 13 所中学的学生参加；2011 年 3 月通过澳门红十字会分别捐助日本和中国云南地震灾区各 10 万澳门元等。

澳门国际创价学会设有理事长、副理事长等职，会中分设男子部、女子部、少年部、中学部、青年部等，有相适应的文化学习班，各有部长等管理人员。

九　结论

综上所述，澳门各佛教寺院组织的弘法活动和管理模式各有特色，但也体现了一些共同的重要特征和成就。其一是弘扬和实践人间佛教精神，将佛法引向社会和人生，以出世之心做入世事业，积极推广多种形态的文化、教育、公益、慈善等事业，以慈悲度世的菩萨精神输送温情，解救急难，建立人间净土。其二是普及和宣扬佛法，组织各种学佛、讲经、诵读、法会等活动，自觉觉他，自度度人，使普通信众了悟佛法智慧，净化心灵，放下自我，自愿参加义工服务及捐献财物，为他人和社会谋福利，而不是停留于烧香拜佛、祈求福佑。其三是僧俗融为一体，僧人和居士会众共同管理佛教组织，既有会员大会、理事会或各种委员会、部组分别负责组织各种弘法活动，又有监事会监督活动和财务，秩序井然。其四是坚持寺院建设和僧团的管理，设立较为严格的日常修行功课和行为仪范规定，以坚固佛教僧团的存续根基。其五是制订较为完善的财务管理制度，设有专职的财务人员，虽然各寺院组织的经济收入有捐赠、会费、法会收入等各种不同来源，但一般皆有较为严格的财务管理制度，从而可有效地运用于各种弘法活动，慷慨地回馈社会，造福人间。其六是各佛教组织间或佛教组织与政府部门、社会各界组织合力协作频繁，很多大型弘法活动仅靠一个佛教组织的力量无法应对，因此由佛教总会或某一个协会主办，多个寺院组织协办，或与相关政府部门及其他社会界别组织协办，已成为常态；而此类协作除成功举办有重大社会影响的活动外，还能有效促进佛教团体内部及其与社会各界的和谐关系，从而在一定程度上促进澳门社会的和谐发展。

"石破花开"[*]：澳门基督新教教会的治理与发展

游伟业[**]

引　言

澳门曾被人称为"石头之地：中国福音开始之地，一片福音硬土"，表示福音工作难以开拓。这当中有其历史、宗教、政治、社会、文化及治理模式与策略等背景因素的影响，在各种胶着的困难下，澳门基督教会继续稳步发展，不少仍挣扎求存，显出澳门堂会仍未能适切响应澳门转型的需要，吸引和留下委身成长的领袖。[①] "石要破，花才开，否则就难以开花结果"，澳门基督教会如何面对挑战，将危机变为转机？特别是在全球化[②]及中国崛起

---

[*]　2009 年 12 月 3 日，香港基督教循道卫理联合教会与澳门宣教计划执行委员会主办的"澳门宣教 20 周年研讨会"之主题。"石破花开"为该宗派资深领袖李炳光牧师为纪念在澳门工作 20 年，表明澳门是福音的石头地，是一个误解，现在石头已经裂开，而且长出美丽的花朵。

[**]　游伟业，澳门圣经学院院长及教务主任。

① 蔡志祥：《香港的传统中国节日：节、诞、醮的比较研究》，香港：华南研究，1994 年 7 月，第 36 ~ 40 页并内页中的世界观模式图。余达心等：《从华人性格看传福音方策》，今日华人教会，1990，第 7 ~ 8 页。

② 游伟业：《澳门处境与"澳圣"之展望》，载冼锦光主编《基督教澳门牧养伙伴文集——》（2003 ~ 2008），澳门圣经学院出版，2009，第 202 ~ 203 页之编后语；另参：冼锦光编《"谈情说性"之牧思》，《牧养伙伴》第 12 期，2009。

的影响下，①澳港珠在大珠三角发展所面对的冲击中，教会如何有所突破，发挥承先启后的精神，对所处的时代有敏锐的触觉和洞察，② 配合 21 世纪澳门"改变"的挑战？本文将从澳门基督教会治理牧养发展角度，③探讨在澳门独特的处境中的教会治理和发展。

一　澳门的独特宗教和文化处境

澳门宗教不仅历史悠久，而且体现了中西文化交融的特色，最普遍的有中国本土的民间宗教、道教、佛教、天主教、基督教，还有一些信仰人数相对较少的巴哈伊教、一贯道、神慈秀明会等。澳门人把佛教、道教、儒教和民间宗教混合在中国传统宗教里，若将烧香拜神的人加起来，约占澳门总人口的 80%。④葡国的国教是天主教，所以澳门的天主教徒也不少，1999 年全澳门天主教徒有 23985 人⑤，现今估计有 26000 人⑥，约占澳门总人口的 5.6%。⑦

澳门在"宗教文化"的层面上，更需要特别关注⑧，加强宗教

---

① 珠海特区报社编《珠海九问：面向"珠江三角洲地区改革发展规划纲要"的现实选择》，珠海出版社，2009。刘澎：《中国崛起的软肋——信仰》，香港中文大学基督教研究中心暨基督教中国宗教文化研究社通讯，第 7 期，2009 年 10 月，第 1～9 页。刘澎指出 21 世纪的中国最缺少的是"信仰"，中国在精神与道德方面出现了大问题，而精神与道德方面的一切问题从根本上说就是信仰问题。

② 吴思源编《迈向明天：循道卫理教会对宣教使命的反省》，1984。

③ 冼锦光主编《基督教澳门牧养伙伴文集一》（2003～2008），澳门圣经学院出版，2009。

④ 李桂玲：《台港澳宗教概况》，东方出版社，1986，第 439 页。

⑤ 黄启臣：《澳门通史》，广东教育出版社，1999，第 261 页。

⑥ 澳门特区政府编《2004 年澳门年鉴》，第 390 页。

⑦ 香港基督教循道卫理联合教会与澳门宣教计划执行委员会主办的"澳门宣教 20 周年研讨会"之海报宣传资料。

⑧ 洛桑会议的"柳堤报告"（The Willowbank Report）中，把文化和社会结构 （转下页注）

对话，消徐障碍①；澳门文化亦受着中国农业乡土文化和海洋文化的影响；澳门人重视乡土宗亲之情谊和关系，养成保守心态，确立社会稳定的发展；生活重实体经验，"不论黑白猫，捉到老鼠就是好猫"。

然而，中国文化重视和谐与均衡，倡议天人合一的生命真理观与秩序，崇尚传统之伦理，重"情"的人际关系，划分"我群—熟悉和亲近"与"他群—生疏和距离"的二分价值。此外，在现实的处境中，强调功利主义的道德观，产生差异性的道德观价值，使"我群—相熟"中的权利受到照顾，衍生"内外有别""亲疏有别"的核心价值，加上人们强调"命""运"而非"理性"，文化上要服从权威，建立一种"礼"的核心秩序价值系统和儒家精神，不允许对既存权威或神性权威作出批判性的检讨，这样便造成了依赖、驯服、缺乏勇气和创造力的性格，因而产生节制自己，遵从社会规范的态度与表现，处处替别人着想，不敢公开为自己谋求利益，虽然表现出谦和包容，在心内却有不信服的态度，造成压抑的情绪和心理精神的困扰；虽然有 400 多年葡萄牙欧陆式天主教文化熏陶，但因为澳门人牢固的社团文化、家族关系和中国民间混合信仰如一个巨大的磐石，基督的福音在这磐石上不容易开出福音的花朵②；加上 1965 年后从大陆地区移居的无神论和科学理性群体，更使澳门成

(接上页注⑧)结合起来，给文化下了一个这样的定义：文化是整合信念（对神、现实世界、生命意义），价值（真、善、美），风俗习惯（衣、食、住、行、育、乐等），以及表达这信念、价值、风俗习惯的机构（政府、法律、庙宇或教会、家庭、学校、医院、工厂、商店、工会等）所形成的一套系统，致使社会可以团结合一，赋予它认同感、自尊心、安全感和延续性。

① 冼锦光：《从宗教人类学看澳门人的性格特质和布道牧养》，载冼锦光主编《基督教澳门牧养伙伴文集一》（2003～2008），澳门圣经学院出版，2009，第 45～53 页。

② 澳门圣经学院主办"民间宗教专题讲座：尊天敬祖——当代华人基督徒对祭祖的回应"，2010 年 3 月 31 日周三晚举行，由麦兆辉博士主讲，有 100 多人参加。

为福音的硬土。

二　澳门基督新教发展历史的反省

1. 福音弱苗：宣教士来华初期（1807～1900）①

伦敦传道会于 1807 年差派马礼逊往澳门。他努力学习中文，以传播西方知识接触华人，并专注翻译中文圣经。澳门在 1842 年前是欧美差会进入中国传教的踏脚石，当《南京条约》签订后，发展基地的重心便转移到香港。五口通商后，新旧传教士急转赴新开发区，澳门作为发展支持暂驻地，亦因香港和中国沿海城市的出现而迅速衰落。在 1858 年与 1860 年《天津条约》和《北京条约》分别签订后，内陆城市也成为宣教的目标地，这种转变对澳门影响更深，澳门遂落入发展的沉寂期。

2. 曙光初现：国民政府前后的创基期（1900～1937）

伦敦传道会皮尧士牧师和公理会香港道济会堂（即今合一堂）王煜初牧师，于 1898 年到澳门布道，3 年后稍见成绩。1904 年，皮牧师写信到里斯本，要求葡国政府准许基督新教在澳门建堂，直至 1908 年，澳门政府才撤销对基督新教的禁制。

美国圣经传道会在 1902 年差派杜心余牧师夫妇往澳门，翌年成立教会，命名为"信福会"，即澳门浸信教会的前身。美国上帝五旬节会于 1933 年创立澳门福音站，在 1937 年日军侵华不久，西教士就离澳返国。那时澳门只有两家教会，皆由宣教士开展，并有颇多本地领袖加入，配合办学，自立堂址，信徒少于当时人口的 0.2%。

---

① 引用 萧楚辉的《澳门基督教历史》之澳门基督教历史大纲。

3. 光大耀明：国难内战和政权转移期（1937~1965）

抗战胜利后，中国濒临内战，加上潮汕大旱及政权的变易，大批难民涌至澳门，其中包括教会领袖、信徒和一般平民，成为教会发展的助力和传道服务的对象。1949年新中国成立，随后"抗美援朝"，内地传教运动终止，差会纷纷撤至香港和台湾，但仍有小部分在澳门开展工作，这也帮助了澳门基督新教的发展。至20世纪50年代，全澳门共有8家教会。1953年澳门浸信教会新堂落成，港澳美南差会及堂会购置土地开基和办学。志道堂也为同胞提供社会服务和办学，信徒热心布道，声誉甚佳，教会很兴旺。

1950~1965年，澳门教会快速发展，逐渐萌生本土意识，但整体而言发展的光谱却在香港照耀，澳门的发展颇受忽略。

4. 阴霾乍现：挣扎求存期（1966~1980）

1966年底，澳门发生"一二·三事件"①，导致社会动荡，人心不安，大量信徒移民，精英流失，教会自此发展缓慢，教会和社会气氛日趋低沉。教会资源短绌，唯有挣扎求存，部分西差会更结束在澳工作。70年代的澳门教会守候待变，传道人普遍任职短暂，人才严重流失，1980年主日聚会人数不足人口的0.3%。

然而，宣道堂蓝钦文牧师于1975年与学园传道会建立伙伴关系，以学生事工为福音策略，提供造就和训练，建立完整的培育系统，促使该堂高速发展。

---

① 1966年12月3日，众多学生与示威人士闯进澳督府，与警察发生严重冲突。随后群众进入市政厅大楼，大肆破坏，最终导致澳葡政府宣布澳门进入紧急状态，称为"一二·三事件"。在这次事件中，澳葡警察开枪镇压群众，造成11人死、200人伤。澳门华人提出惩凶、赔偿等六点严正要求。1967年1月，澳葡当局被迫致歉并接受相关要求。自此很多有能力人士离澳他往，社会精英顿失，澳葡政府管治能力益弱，教会亦成为受针对的对象。

5. 光辉重现：澳港相连再起动期（1980～　）

澳门本为弹丸之地，发展机会局限，而且早年欠缺高等教育机会，本土出生的华人多拥有葡国护照，较有能力者均期望移民国外，所以信徒流动性大，教会长期难以培育本地人接班。"华福"①在 1981 年发表《澳门教会的需要》，引起香港教会及差会关注，澳门圣经学院遂于 1982 年成立，提供正规的神学训练。"澳圣"的创办人，当年"华福"总干事王永信牧师，在香港领导成立董事会及注册成为非营利有限公司，并确立异象，决意要实践华人关爱中国的使命，又在 1984 年购买本院于澳门东望洋区美利阁二楼 A–H 八个单位之物业。②此外，更支持澳门研究计划，于 1987 年出版《澳门新移民——布道对象研究》一书，促使香港教会向澳门基层开展工作，加速新堂数目增长；但由于新移民生活艰难，教会难以吸纳，崇拜人数并没有显著增加。

"澳圣"创院院长为吉兆颁牧师，满有胸怀祖国的心志。"澳圣"于 1985 年举行第一届毕业典礼，这段时期是"澳圣"的萌芽期，开始与澳门教会建立关系，以培训全时间的神学生为主，较少夜间的课程适合信徒修读。1988 年欧阳万璋牧师出任第二任院长，为"澳圣"的整固期，使本院渐上轨道；除原有的培训全时间的神学生课程外，亦有增设校外课程，与本地教会及信徒有较密切的联连，响应澳门教会的需要。1992 年洪雪良牧师出任第三任院长，为"澳圣"的发展期，并设立"城市宣教与教牧职事文学硕士"课程，

---

① "华福"全名为"世界华人福音事工联络中心"，成立于 1976 年；当"澳圣"购买了现时的美利阁院舍启用传，"华福"送给本院放设于现时 A 座礼堂一对挂墙对联作纪念，"华人教会、天下一心；广传福音、直到主临"之"华福"异象口号。

② 游伟业：《口述历史：访问王永信牧师对澳门圣经学成立经过》，2011 年 11 月 28 日（周一）下午 2：20～3：10，访问地点：香港尖沙咀山林道麦当劳快餐店。

吸引不少港澳牧者和宣教士进修。2001 年杨怀恩牧师出任第四任院长，为"澳圣"的转型期。全时间的神学生减少，部分课程转为夜间上课，并开设一年制的证书课程，以培训在职信徒。2009 年笔者出任第五任院长，为"澳圣"的再发展期。澳门自 2005 年开放博彩事业，旅游及消费行业畅旺，经济发展，学院亦把握时机，增办多个一年制证书课程，2010 年证书毕业生有 39 位，2011 年更有 63 位，为澳门教会培训了大批信徒。此外，又发展"基督教研究硕士"和连接不同之主修，2011 年就读研究生约有 20 位，大大强化澳门之领袖及研究人才训练。

三　澳门社会近期的改变

1999 年澳门回归祖国后，素有"东方蒙地卡罗"之称的澳门在 2002 年新增两个赌牌后，其博彩税收入更占经常性收入的七成①，2003 年赌饷已近百亿澳门元②；故此，澳门过去十年来在经济有显著上升，③游客人数也快速增长。④随着开放赌权的落实，更进一步反

---

① 根据《澳门日报》2003 年 12 月 1 日刊载："据立法会第二常设委员会分析 2002 年度预算执行报告时的意见书显示，博彩收入已占经常性收入逾七成，约占本地生产总值 15%。但非源自博彩的收入，在同期的绝对值和相对值均下降。据委员会分析，2002 年澳门经济录得约 9.5% 实质增长（2001 年度为 2.2%），然而，这一增长约 3/4 是来自旅客的博彩消费（实质增长幅是 20%）。"

② 根据《澳门日报》2003 年 12 月 14 日头版报告："经济司谭伯源表示今年的博彩税收贴近一百亿。"

③ 人均生产总值从 1999 年的 11000 澳门元（约合 1375 美元），急升至 2008 年的 32000 澳门元，增长率接近 200%（《澳门经济亮丽、贪腐阴影徘徊》，《亚洲周刊》2010 年第 1 期）。

④ 2008 年突破 3000 万人次，超过香港；在文化上，也于 2005 年申遗成功，将糅合东西文化的历史城区排上了联合国文化遗产名单之内。郝雨凡：《思考澳门多元化经济出路》，《澳门日报》2008 年 6 月 25 日的 E5 莲花广场。在 2009 年 11 月 19 日报章的报道：2008 年赌博税收已达 419 亿元之巨。

映澳门未来在社会整体的发展与市民生活上，离不开与赌博相关的活动，近半数就业人口与博彩业挂钩①，大大影响民生与教育素质②；一个大型调查显示，"澳门第二个十年发展路向选择"，居民认为新一届澳门特区政府上任后，需要最优先处理的是"肃贪倡廉，打造阳光政府"。③

此外，国际赌场、酒店和世界历史文化遗产的观光景点吸引众多人前来消费，不同国籍背景的人士都前来澳门寻找机会和工作，致使住宅楼宇价格急升，澳门逐渐成为一个多元文化、语言和种族共融的全球化城市。近期赌权开放后，年青一代生活上的价值观，越来越受赢钱所带来的快感，以及在赌场中得到高薪工作的收入所影响。城市化和全球化所带来的"即食快餐文化、个人和功利主义"，引发人们急功近利，加上赌博问题对个人、家庭和社会产生极大的后遗症，更侵蚀人与社会之间的伦理道德基础。④然而，在"澳门人来治理澳门"的大前提下，澳门人仍对本澳未来发展抱有期望，新一代的年轻人能以澳门为荣，重寻"澳门人"的角色，在

---

① 澳门特区 2009 年财政年度政府工作总结及 2010 年财政年度预算安排概要："旅游博彩蓬勃发展中的一项：2008 年，澳门博彩业总收益达 1098 亿澳门元，位居世界第 1位，相关税收达 419 亿澳门元，均占公共财政总收入 73%"（《澳门日报》2009 年11 月 19 日之 A6 页所报道）；单以 2002～2007 年澳门博彩行业税收与就业人口情况的图表：《澳门统计年鉴》所示，自 2002 年以来，博彩税收均占政府总税收 80%；此外，2005 年至 2007 年，澳门博彩收入维持 41% 增速，博彩企业收入有 90% 来自博彩业务。

② 根据《澳门日报》2003 年 11 月 21 日引述特首报告 2004 年施政报告中的一段话："……特别澳门以博彩业为龙头产业，如果公众的社会价值观，没有重新回归人与社会之间的伦理道德基础；在鼓励竞争之余，只求输赢，不讲道德，那么特区政府即使投放更大的资源于教育范畴，亦于事无补！"

③ 2009 年 11 月 13～22 日澳门理工学院做了一项大型民意调查；《澳门日报》2009 年 12月 8 日，B2，"澳门理工学院民调结果显示：肃贪倡廉未来首要任务"。支持人数占六成五比例。

④ 冼锦光主编《基督教澳门牧养伙伴文集一》（2003～2008），澳门圣经学院出版，2009，第 76～88 页。

建构澳门的本土意识过程中①，澳门的教会及基督徒实在任重道远。此外，澳港台及中国大陆联结互动，大家都想回归中国传统；这种本土化反应的诉求，自然地把澳门人带回中国历史、传统文化及民间信仰中，而福音种子在这种土壤发芽时，要分辨自然吸取的养料，方能健康地生根成长②；故此，教会必须要从城市发展角度回应各种牧养发展的需要。③

四　建立健康堂会的牧养发展模式

回溯澳门堂会的发展，一直受差会或传统体制影响，教会在人力或经济上都依靠外地教会支持，很多未能完全达到自治、自养和自传的成熟阶段，所以教会要健康发展，必须努力栽培本地信徒及提供系统性的训练。此外，澳门由于资源所限，教会与福音机构要彼此合作，共享资源，建立小区教会网络，教会事工与机构事工的网络。④ 除了在"差者"和"传者"的角色上做出配合外，更要考虑受众的本地教会在发展上的位置和角色，宣教团队要尊重本地领袖的地位，教会才能健康地持续发展。⑤ 过往澳门较重宣教史，以西

---

① 《对澳门回归的期许与祝福》，《时代论坛》第 642 期，1999 年 12 月。

② 林治平：《基督教与华人文化：第五届世界华人福音会议汇报》，世界华人福音事工心出版，1997，第 78～93 页。另参郭熹瑜《审视以叙事神学：建构中国本色化神学的可行性》，2007。

③ 刘宗锐：《从神学角度看：激变中的澳门，何去何从?》，载冼锦光主编《基督教澳门牧养伙伴文集一》（2003～2008），澳门圣经学院出版，2009，第 186～192 页。作者指出要建澳门的城市和宣教神学的整全性，针对教会成长、社群服务、福音广传和世界关系四个方向工作；故宣教布道必须联结教会成长、社群服务和世界关系的整全见证。

④ 莫陈咏恩：《以本地教会为宣教伙伴》，香港：《中国神学研究院院讯》第 283 期，2004 年 3～4 月版。

⑤ 莫陈咏恩：《以本地教会为宣教伙伴》，香港：《中国神学研究院院讯》第 283 期，2004 年 3～4 月版。

方宣教为中心，重视差会与差遣母会的角度，少探讨本地教会史，故应"把焦点放置在宣教地域的本色化教会工作及信徒活动"上来；用新的角度去了解"东与西""中与外"，建构宏观的史学，并去发展"兼蓄性"（inclusive）与"多元性"（pluralistic）、"相连性"（inter – relative）与"互动性"（interactive）的相互影响（influence/impact）。① 信仰群体的信仰实践，是圣经意义的展现（performance）和盛载（embodiment），是信仰群体当下的德性伦理的见证展现。诠释不仅是理性思考，也必然包含实行性（practical），而信仰群体就是圣经意义的实行者（practitioner）。更彻底地说，圣经研读和诠释不仅属于传道牧者或经学老师的专业技巧，也是每一个信徒应该有的体会和经历，更是教会整体的见证。②

信仰群体是归属耶稣基督的有机体，但并非表示她（他）与世界隔绝/离。教会要抗衡世俗文化，但不等于是文化的绝缘体。三一上帝救赎恩情必须在文化和处境中展现，因此，坚持圣经属于信仰群体，强调圣经诠释回归神学诠释的道路，绝非闭门造车的自我陶醉。圣经诠释不仅限制于某时空文化内的身份整理，而是从这身份产生出实践、使命和传承。③ 堂会作为神国度的群体及地上有信仰的群体组织，这两个合成有机体在澳门的处境下，本地堂会的发展机遇就因而产生。人才不足引发的矛盾制约发展，澳门回归十周年当日中国国家主席向澳门社会提五点启示。有本地学者认为，讲话重点指出"要高度重视和加强爱国爱澳优秀年轻人才培养，使'一

---

① 冼锦光：《2008 年宣教汇报》，香港：香港浸信宣道会联会浸宣日日程表内，第 14 ~ 15 页，2008 年 6 月 29 日。

② 孙宝玲：《圣经诠释的意义和实战》，建道神学院出版，2008，内文之曹伟彤写之序言。

③ 孙宝玲：《圣经诠释的意义和实战》，建道神学院出版，2008，第 454 页。

国两制'事业后继有人"，语重心长地体现了培养人才工作迫在眉睫；本地学者认为，培养人才除了加大拨款高等教育，关键是要有一套"吸引人才、发挥平台到留住人才"的通盘计划。① 不论宣教差会、本地堂会、福音机构、教牧同工和信徒领袖，都要实践诫命（commandment）、履行使命（commission）和委身参与（commitment）。以博彩业为主的澳门为例，笔者就此论述以往我们的牧养较重视协助有需要的个人性的辅导，但也需关注社群上的需要，②就是"教会"的本质与使命，而教会的本质就是一个道德论述的群体③；故此教牧人员要重塑其角色与使命："所有关乎关顾的问题，到最终都是道德问题，而这里所说的道德，是整全及非形式主义的。"那就要是建立一套基督教实践的道德思维，关顾者必须是一个能掌握伦理思考的人（ethical thinker），并且每当从事关顾工作时，关顾者必须有能力将"人该怎样活"与"这人现在是怎样活着"相连起来。④

过去澳门的福音布道工作，着重宣讲、说服和现身三种形态，主要是个人布道、⑤直接布道（布道会）和短宣式的游击工作，强调传达和悔改，接受福音。现在，教会除改善布道的信息，促进有效

---

① 《澳门日报》，2009 年 12 月 21 日之经济要闻版；另参春耕《一家之言》。

② 冼锦光：《"赌博"一个教牧关顾课题的反思》，载冼锦光主编《基督教澳门牧养伙伴文集一》（2003～2008），澳门圣经学院出版，2009，第 77～79 页。

③ Don S. Browning, "*The Moral Context of Pastoral Care*" (Philadelphia: Westminster, 1976), p. 51ff.

④ 另可参考下列一些书籍作为深入探讨：Roger S. Greenway Graig edit "Discipling The City" Baker Book House, 1992; Van Gelder, "Secularization and City: Christian witness in Secular Urban Cultures" p. 69 - 83; Craig W. Ellison, "Counseling and Discipleship for City" p. 99 - 109; 唐崇怀与张子华合著 "Pastoral Ministry and Urban Challenges" Hong Kong: D. Min for RTS at ITS Course, 10/1996。

⑤ 何启明：《评估两种个人布道模式》《华人神学期刊》第二卷第一期，香港：华福中心，1987，第 55～69 页；《当代个人布道：理论与实践》，加拿大：恩福协会，2001。作者对个人布道有深入研究，分析归纳与演绎两种布道理论。

沟通和诠释福音的真义外，更注重关系布道①和福音预工，使人悔改归主后加入教会并作主的门徒。②信仰进入人的家庭、地缘、休闲生活和工作等关系中③，这也是澳门宣道堂的生活化福音遍传策略所带来增长的成功例子。④布道事奉是一种灵命塑造的旅程，由地方教会发动，发挥团队功能，布道与培育不能分割，靠着圣灵引导人朝向基督的旅程，实践生命、影响生命的整全关怀。⑤

堂会宣教布道要留意处境及文化带来的挑战，认识他们以什么作其核心价值，当中有否可欣赏及提升之处？故无论在布道与牧养、文化与宣教上，教会不单尊重本土及其群体，还须加以成全及提升⑥，并以"当地人物"的生命故事为见证，以多元模式推动他们为主作光作盐，持守信念。正如昔日平民教育及乡村建设的改革家晏阳初的一段话："今日最急切的，不是练兵，不是办学，不是开矿，也不是再革命，我们全国人民所急需的，就是革心。把那自私自利的烂心革去，换一个公心。有新心而后有新人，有新人而后有新社会，有新社会而后有新国家。"⑦并从这个"点"扩展成

---

① 艾丽斯·傅莱琳：《关系布道与跟进：实用手册》，顾华德译，台北：中国主日学协会，2009。
② 卢家驳：《不可或缺的增长：今日教会增长路向》香港：中国主日学协会，1997，第17~26页。
③ 冼锦光：《从宗教人类学看澳门人的性格特质和布道牧养》一文之注65、73及74。作者引用曾立华之从中国人的身份与共通天性及增强人际关系布道工作。
④ 蓝钦文：《生活化福音遍传策略手册》，澳门：宣道堂总堂，2000。该堂宗派会友已达2000多人。
⑤ 何启明：《后现代布道趋势巡礼：布道策略的演变》，《教牧期刊》第22期，香港：建道神学院，2007，第2~47页。作者全面分析布道方法的转变，强调布道是一种灵命塑造的旅程。
⑥ 温伟耀：《生命的转化与超拔——我的基督教宗教汉语神学思考》，宗教文化出版社，2009。
⑦〔美〕李可柔、毕乐思编《光与盐》，单传航、王文宗及刘红译，中国档案出版社，2009。书中以10位历史人物作描述，作为"光"，他们给在黑暗中挣扎的国人带来了真理和希望，作为"盐"他们在社会中，承受着巨大的压力却坚守自己的信念。

"线"再成为"面"，是具体的、立体的，是具有生命承传的建立。若按以上所论述，应以关系为本（RELATE）的牧养模式作为宣教布道的进路（见图1）。①表1中，笔者还建议在与信徒关系牧养上加多两个向度及层次，就是以信徒往下实践的门徒或小组培训的关系，使所构成的四层紧扣的关系牧养、见证布道事奉关系，达至更健康和理想的全人福音工作。

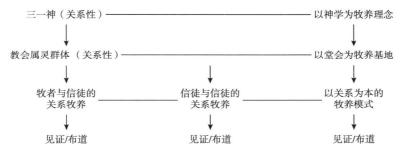

图 1　以关系为本的牧养见证模式（Relate Pastoral & Witness Model）

表 1　以关系为本的牧养见证模式（Relate Pastoral & Witness Model）

R	R – Reconnecting with God	与神联系	三一神	与神 关系	神 学
E	E – Embedded in the Church	植根教会	教会		
L	L – Linking with Christians	肢体同行	肢体	主内 关系	牧 养
A	A – Assisted by Pastor	教牧导引	教牧		
T	T – Testimony Sharing	见证分享	家庭/职场	向外 关系	见 证
E	E – Extending Christian Influence	延伸影响	世界		

总　结

堂会包括牧者与信徒在履行使命上②，要具备整全的思考及领

---

①　李耀全、王德福：《以关系为本（Relate）的5A牧养（mentoring）模式》，香港：崇基教牧事工部，2009。

②　余达心：《受命于职场中——肯定信徒的牧职》，《中神院讯》第 312 期，2009 年 1~2 月。

导，由圣经、堂会到世界，包括文化与见证召命；在全球化影响下的澳门，必须与时俱进，以新锐福音派的思维方式与信仰实践引发变革，形成崭新的福音派信仰，以此主导未来 25 年的福音派思想与全人福音事工（见表 2）。[1]

故此，澳门教会首先要在神学教育、牧养、城市发展和布道事奉的实战中生根建造，才能产生对教会和文化的见证；其次就是在教牧与信徒间互相建立及发挥彼此所长，共构和谐社会，见证主名。根据谭逸雄牧师的研究成果[2]及澳门圣经学院的研究资料整合之表 3 所示，笔者总结出以下的观察。

表 2　新锐福音派对使命教会的进路

	传统福音派	务实福音派	新锐福音派
教会的意义	教会是为个人信仰而存在	教会旨在符合每个人的需求	教会透过话语和行为见证神的宣教使命
教会该做的事	教会以宗教声音来服务文化	教会向外接触寻道者	教会是崭新的创造，在破碎的世界成为末日的异象
教会的功能	教会是道德表现的指引	教会是修补人性的处所	教会身为抗衡文化的社群
由谁主导教会	专职的牧职人员	企业界的阶层领导模式	牧职人员与信徒在共同服事中联合
教会如何协助人与世界联系	提供资源，使信徒能服事他人	消费者心态；各取所需，满足各人需要	教会体现崭新创造的事实
教会如何变化	变化递增	转变反映出文化管理原则为"教会增长学"	转变反映出教会使命的性质，此转变由圣灵发动

现今除了要更有策略地开更多新教会外，更需要追求现存堂会的健康增长和强化布道事奉，结连有效的栽培和培训工作。澳门本地传道同工严重不足，实在需要多多栽培本地事奉人才。[3]此外，只

---

① 韦伯（Robert E. Webber）：《新锐福音派新世代教会模式蜕变》，浸会出版，2009。
② 冼锦光：《澳门教会与差传机构的伙伴关系》，差传事工联会出版，2009 年 10~12 月期，第 7~9 页。
③ 张国雄等编著《澳门文化源流》，广东人民出版社，2005。

表 3 澳门教会近况

年 份	堂会数目（个）	崇拜人数（人）	占人口比率（%）	会友人数（人）	占人口比率（%）
1980	20	1250	0.27	1200	0.26
1985	33	1800	0.40	2500	0.6
1995	50	2740	0.55	3625	0.73
2005	69	3890	0.83	—	—
2007	—	4022	—	—	—
2008	—	4206	—	—	—
2009	77	4100	—	—	—
2010	76	3905	0.72	4898	0.90

有少数澳门教会能以社会服务来提升教会在社会中的形象，故教会应趁澳门社会在转型中需要更多社会服务，运用社会资源做更有效的服事和整全福音见证布道的工作。① 澳门教会在 2010 年只有 76 间华人教会，其中 9 间成立时间不足 5 年，16 间成立了 6~10 年，其余 51 间教会均成立了 10 年以上。然而，现时仍有约 37 间教会未能自立（占教会总数的 48%），表明这些教会在财政及同工上仍然需要海外教会或差会的支持，有些未自立的教会已经成立了 20 年以上，这是不健康的现状。② 教会的运作模式、文化和价值取向、决策和发展思维，都受海外教会或差会的影响和操控，未能迅速回应本地的改变和需要。就如外来参与本地工作的短宣队，必须认识和了解本地教会的情况和澳门人的心态，方能作出美好的配搭，合作无间，落实教会全人关顾的布道、栽培和牧养的见证事奉。

此外，这几年信主及崇拜人数在下降，牧养和发展都有下落趋

① 参见张图雄等编著《澳门文化源流》。基督教除了传教外，还关注社会需要，回归后更重视开展社会服务，增加教育机构以增加传道人及社工人才。

② 谭逸雄：《往下扎根，向上结果》，《澳门中国信徒布道会通讯》（81），2010。

势，澳门的中小型教会必须再思其牧养和见证布道策略，以便更健康地增长，以免教会在全球化和多元化的冲击下，随流消失；深愿各区的华人教会能给予澳门教会合适和健康的支持，以便神能透过这片福音硬土，活化基督教会和基督徒，成为中国金莲花，散发基督清新的真善美和信望爱香气。

天主教修会的革新：梵蒂冈第二届大公会议对修会的训道及实践

叶家祺　陈玉叶[*]

引　言

宗教是有组织性的团体，而组成团体的正就是我们人类。教会训道说明人基本上是社会性的存有①，也就是说："人本性上能回应自己的需要，他是能与人建立关系的主体，一个自由和负责任的存有，知道自己有需要融入其他人当中，与他们合作。"因此，"团体生活是一种自然特征……这标记着源自人的内在特征，在某意义上也构成他的本性。"② 人借着相互之间的关系来维系彼此共同信奉的世界观、处事，甚至信仰等精神性价值。宗教的组织性就是为着守护人与人之间，甚至是人与天主圣三的联系。

另外，天主教拥有悠久的修会制度传统。不同修会的会士在不同的时期进行各式各样的福传、教育及社会工作。是什么让他

---

*　叶家祺，圣若瑟大学宗教研究硕士，归源社会研究学会副会长，澳门大学博彩研究所研究助理，澳门每日时报编辑部专栏作者；陈玉叶，华南师范大学教育博士，归源社会研究学会会长。

①　梵蒂冈第二届大公会议，《论教会在现代世界牧职宪章》，第12条。

②　公教真理学会，《教会社会训道彙编》，公教进行社，2001，第149条。

们与一般习惯所见的主教神父有所不同，却在同一圣统制①下服务基督呢？20 世纪 60 年代著名的梵蒂冈第二届大公会议（以下简称梵二）又如何讨论修会的特性呢？为此，本文将尝试以天主教的宗教理念概括说明，包括对管理教会的基本原则，修会制度的基本内容及法理依据，梵二对修会的改革信息，以及修会制度如何回应梵二而做出变化。若分析涉及神学的内容，笔者亦会尽量简单说明，因为涉及管理现世教会的精神皆从信仰演变出来。

天主教会管理的基本原则

天主教对于自身组织管理的基本原则可在两方面体现出来：一在于信仰本身，二在于由教理衍生出来的教会法（Canon Law）。② 关于第一点，我们可以在公元 325 年尼西亚大公会议③上所确立的"尼西亚信经"（Nicene Creed）之中找出它的根本："我信唯一④、至圣⑤、至公⑥、从宗徒传下来的教会"⑦。教会就是借着此四点指出它的四个主要标

---

① 梵蒂冈第二届大公会议之《教会宪章》第三章论述主教职部分有详细说明圣统制的实践，另外《天主教法典》第二卷第二编亦详细列别圣统制的各项条件。

② "字根为希腊文"（kanon），字义为《规则》或《实践方针》，天主教百科全书网络版本，http：//www. newadvent. org/cathen/09056a. htm。

③ 主教会议在教会初期的形成及制度可参考毕尔麦尔等编《古代教会史》，雷立柏译，宗教文化出版社，2009，第 252～255 页。

④ 教会的至一性是指按照基督的圣意，祂的全体信徒都信从同一的教义，举行同一的祭献，领受同样的圣事，并团结在唯一的、同一有形元首"教宗"的权力之下。常见的圣经章节是罗 12：4～5；格前 10：17；厄 4：4～6。

⑤ 教会的至圣性是指教会以圣善的教义训诲众人，供给度圣善生活的一切方法，因而在每一个时代连续产生无数圣贤人物。如若一 3：5 提及耶稣的圣洁，若 7：16～17 提及耶稣的训道权力的来源。

⑥ 教会的至公性，亦即是世界性，是指教会全力地传授和普及信仰及其所包含的真理。如玛 24：14；罗 10：17～18。

⑦ 教会必须由宗徒传下，因为耶稣基督将教会建立在祂的宗徒身上，而依照祂的圣意，教会一直由宗徒的合法继任者管理着。如玛 16：18；厄 2：19～20。

记，来维系普世教会的合一性与大公性。天主教会由耶稣基督建立。当祂在升天之前，派遣宗徒召天下万民作祂的门徒。较早的时候，在祂公开传教期内，祂已先后建立了各种圣事，选任十二宗徒，以言语及榜样训练他们，将训诲、统治、圣化众人的权力授予他们。而福音经文指出：耶稣基督所建立的教会，采取了有形、有系统的团体的形式。换句话说，在这团体内有被治者且合法管理这些被治者。罗马教宗和他辖下的主教，构成教会的统治系统。教会是一个君主政体的团体；在这团体内，教宗以全权统治全团体，就是说：他对全教会享有统治权。在基督所建立的教会内，伯多禄是首位元首。① 自圣神降临那一天起，宗徒们开始执行他们的任务；而这任务借着宗徒、借着宗徒的继任者，一直继续下去，直至世界末日。②

这里提及的"训诲、圣化、治理"权力，是根据天主教信仰，由耶稣基督赋予宗徒及其继承者的权力。因为训诲与治理信友的权力，属于"神权"的范围。③ 所谓天主教会的神权是指教宗和各主教，以宗徒合法继任者的资格，由基督授予权能，在灵性事务方面，训诲、圣化、治理全体信友。④ 就是出于对灵性事务的关怀，教会因世俗事务而与灵性事务有密切牵连关系者，也有权处理，如教会财产的管理、家庭和谐、工作、世界和平凡等社会事务。因此，面对教宗的现世权力时，我们绝不将他仅仅与其他现世国家元首等

① 常见的圣经章节是玛 16：17～19。内容为任命伯多禄为宗徒的领袖和全教会的最高道师，许诺将管理教会的钥匙赐予伯多禄。初期教会的信友自始即一致公认伯多禄是教会的元首。
② 欧伯润：《认识天主教的教义上册》，南青译，香港真理学会出版，1958，第 179 页。
③ 欧伯润：《认识天主教的教义上册》，南青译，香港真理学会出版，1958，第 183 页。
④ 可参考圣经说明执行这三种工作的章节：玛 18：17；宗 20：28；格后 5：20。

量齐观。① 最重要的是，这些权力是属于无形的耶稣基督，并赋予祂的宗徒，亦即是教会的首批主教。②

关于第二点，一个有组织的团体必须有一套完善的制度保障。而天主教的组织则详细规定在《天主教法典》中。在法典上对各类组织大体上可以细分作两类：第一类为"治理教务的组织"。③ 信徒中有治理的，例如教宗、主教、司铎。也有受治的，例如一般信徒，天主教亦通称为教友。第二类为"辅佐教务的组织"④，即是"献身基督的独身者修道组织"⑤，简称修会。澳门地区常见的"耶稣会""圣言会""慈幼会""嘉诺撒仁爱女修会""道明会"等都属于这类。虽然如此，他们仍是在天主教之内绝对服从教宗或主教的"修会"。

法典文本中亦有详细说明教会与修会的管理关系。以教宗若望保禄二世在1983年1月15日公布的新法典中，针对修会的建立、治理等的主体法规可于第573~683条体现出来。其中第573~606条，主要论及修会生活之共同规则；而第673~683条，主要是论及修会的使徒工作。⑥ 天主教称修会团体为"献身生活团"。献身一词的拉丁文是consecratio，当中有双重意义："就天主对人的呼召而论，它说明天主对人的祝圣，意谓天主选拔某人，给予特殊的神恩和使命。就人对天主的回应而论，它表达人对天主的奉献，意谓人

---

① 欧伯润：《认识天主教的教义上册》，南青译，香港真理学会出版，1958，第183页。
② 可参考圣经章节有关神权的例子：谷16：15；路10：16；若20：21~23；宗1：8。
③ 王昌社：《现代问题的解答》，光启出版社发行，1959，第267页。
④ 王昌社：《现代问题的解答》，光启出版社发行，1959，第267页。
⑤ 台湾大百科全书，Encyclopedia of Taiwan，《修会/Order》，http：//taiwanpedia. culture. tw/web/content? ID = 4271&Keyword = % E4% BF% AE% E6% 9C% 83。
⑥ 中国主教团秘书处编《天主教法典》，第三编"献身生活会及使徒生活团"，1983，第259页。

尽己所能与祂的恩宠合作，完全顺从和奉行祂的旨意，并以此种生活作为对天主的赞颂之祭。"① 因此，成为会士是一种回应，并在这双向的过程中服务教会及大众。

修会制度的基本内容及法理依据

《天主教法典》与修会直接相关的篇幅在第二卷《天主子民》，共 3 编 2 组 3 题 8 章 10 节 174 条条目，序数第 573～746 条，条款下如需要亦可分项。此部分法典的结构可参考下表：

编	组	题	章	节
第一编基督信徒				
第二编教会圣统制				
第三编献身生活会及使徒生活团	第一组献身生活会	第一题献身生活会之共同规则		
		第二题修会	第一章修会会院之建立及其撤销	
			第二章修会之治理	第一节上司及参议会
				第二节代表会
				第三节财产及其管理
			第三章会员之收录及培育	第一节入初学
				第二节初学及初学生之培育
				第三节发愿

---

① 韩大辉：《浅谈〈献身生活〉劝谕》，《神思》第三十期，1996，第 9 页。

编	组	题	章	节
				第四节会士之培育
			第四章修会及其会士之义务与权利	
			第五章修会之使徒工作	
			第六章脱离修会	第一节转会
				第二节出会
				第三节开除
			第七章会士陞任主教	
			第八章会长联合会	
		第三题俗世会		
	第二组使徒生活团			

由本编第一条已经开宗明义地说明修会的特性：修会是一种成己成人的团体。它的普遍宗旨，是修成自己的道德，并帮助教会工作。[①] 它们的基本规条，是宣发修会三个"圣愿"（Religious Vows）[②]：一是贫穷圣愿，舍弃自己的财产以及积财的权利；二是贞洁圣愿，舍弃家室以及婚姻的权利；三是服从圣愿，在重要事情上，舍弃个人己见，一切服从长上吩咐。

除了普遍的宗旨外，各修会亦能有特殊的宗旨。譬如，耶稣会的宗旨是保护并传扬信德[③]；慈幼会的宗旨是栽培劳工阶级的儿童

---

① 《天主教法典》第573条1项："借宣愿遵福音劝谕的献身生活是一种固定的生活方式，信徒据以在圣神的推动下更密切地追随基督，将自己完全奉献于最爱的天主，并以新而特殊的名义致力于为光荣天主，建设教会，拯救世界，为天国服务，以获致爱德的成全，并且在教会内成为显著的记号，以预报天上的光荣。"

② 《天主教法典》第654条："会士借宣发公愿，表明力行福音三种劝谕，以教会的职权奉献于天主，加入修会，享有法定的权利与义务。"各个圣愿的内容请参考第599~601条。

③ 张奉箴：《依纳爵的精神遗产》，《神学论集》第90期，1991，第561~597页。

和青年。每个修会，在基本规条之外，又能有特殊的规条，为实现它的特殊宗旨，为能适合某时代某环境的需要。譬如，熙笃会（Cistercians）的隐修士严守默静，致力于农田工作；本笃会（Order of Saint Benedict）每天举行隆重的宗教仪式，借以提高心神。为此，天主教中有许多的男女修会，并且时常有新的修会成立；为适应新的需要，修会的形式也多种多样，粗略地可分为专务祈祷的隐修会和从事传教的工作修会。加入修会的人，称为修士（Friar）或修女（Nun）。修会具有高度制度化的特质，有统一的会规、章程，并奉献一生为教会服务。①

驱使修会成立的内在因素是天主神恩。② 尽管梵二之《教会宪章》与《修会生活革新法令》"都没有把神恩这个名词和修会生活连在一起。不过天主为了使修会生活发展而给予神恩或特别恩赐的观念则不是新创的。许多世纪以来，教会内普遍地相信，修会团体的创立人常常接受了天主特别的恩惠"③。

现今教会法已经对修会的特别性及合一性做出非常仔细的规范。从接受神恩去创立修会开始，一如教会以往的传统，那些修会都拥有行政独立的自治权④以实践"建立教会"的不同社会及灵修服务。这自治权则体现在修会各自订立的会宪（Constitution）上。⑤ 虽

---

① 《天主教法典》第 577 条："献身生活会在教会内非常繁多，所受天主圣宠所赐恩惠彼此互异，其所追随基督，或者重祈祷、或者重宣讲天国、或者重加惠于人、或者重与世人交往，惟常系承行天父的旨意。"

② 参考圣经章节格前 12~14 章。

③ Jean Marie Renfro：《神学论集》，王敬弘译，1988；《修会神恩：它的定义、再发现及对我们生活的含义》，第 575~589 页。

④ 《天主教法典》第 586 条 1 项："每一献身生活会皆有对生活尤其治理有适度的自治权力，在教会内得享有自己的纪律。"

⑤ 参阅《天主教法典》第 587 条。

然如此，这种特殊性也令他们直接隶属于教会的最高权力——教宗。[①] 这些"献身生活会不受教区教长之管辖，而隶属于其本人或其他教会当局"[②]。然后法典在第一章开始规定关于修会会院内应有的设施，应遵守的精神，及撤销安排。[③] 第二章则是关于修会管理的中心条文，包括上司的人选安排精神及参议会（第一节），修会之中最高权力的总代表会（General Chapters）（第二节），财产运用的原则，任用财务主任、报账以及救济事宜（第三节）。[④] 第三章规定修会会员收录，培育，及宣发永久愿期加入修会等基本原则[⑤]。当中的收生条件，初学训练的普遍原则，验证圣召，宣发永愿皆有详细的条件规定。第四章是正式会士必须遵行的义务，第五章进而规定修会进行使徒工作会遇到的一般情况。至于其他的章节已在上表列明，这里就不重复说明了。

　　总而言之，我们可见修会的组织不同于教区。教区主教是由教宗所任命，修会的会长则是由全体会士投票产生。修会的会士，除了经主教祝圣为神父（Priest）外，其余会士俗称修士或修女。这些修士或修女，并非圣职人员，是经教宗核可集体过独身、奉献的团体生活；在教会服务工作上，则受当地教区主教所管辖。[⑥] 因为"教区主教委托会士的工作均隶属主教权下，并受其指道……在这种情况中，教区主教与修会的主管上司之间应作书面的协议：清楚并详细规定，除其他事项外，有关应执行的工作，参加该项工

---

① 参阅《天主教法典》第 590 条。
② 参阅《天主教法典》第 591 条。
③ 参阅《天主教法典》第 608~616 条。
④ 参阅《天主教法典》第 617~640 条。
⑤ 参阅《天主教法典》第 641~661 条。
⑥ 台湾大百科全书，Encyclopedia of Taiwan，《修会/Order》，潘春旭著，http：//taiwanpe-dia. culture. tw/web/content? ID = 4271&Keyword = % E4% BF% AE% E6% 9C% 83。

作的会士，及经济等事务。如在教区内付托给某会士的教会职务，应有教区主教任命，并得有主管上司的推荐或至少同意"①。

梵蒂冈第二届大公会议之革新

尽管耶稣基督已亲自规定众多教会内的事情，但教会本身确是一个社团团体，有许多事都需要共同商讨，以寻找共同信守的原则。② 大公会议就是请教众教会内神职们的意见，以更新教会面对当代的社会需要。教会法规定："大公会议之召开，亲身或派人主持之，迁移、终止或解散之，以及批准该会议的法令，悉由教宗一人作主"③ 以维持其大公性。④ 而梵蒂冈第二届大公会议是由教宗若望二十三世于 1959 年 1 月 5 日表明了召开会议的决定，1961 年圣诞节宣布于 1962 年召开，之后正式确定召开日为 1962 年 10 月 11 日。是次会议的筹备会除设有中央委员会所，还设有十个筹备委员会及两个秘书处，当中的修会委员会（或称修会组）专责处理有关修会革新之事宜。是次会议共有约 2900 多位枢机主教、宗主教、总主教及主教参加，其中收集了 8972 件提案，而这数字还不包括各圣部及天主教大学等的建议。会议最终于 1965 年 9 月 14 日再次任教宗保禄六世结束，共通过十六种大会文献，包括四份宪章、九项法令以

---

① 参阅《天主教法典》第 681~682 条。

② 耶稣曾预示说："我实在告诉你们：若你们中二人，在地上同心合意，无论为什么事祈祷，我在天之父，必要给他们成就，因为那里有两个或三个人，因我的名字聚在一起，我就在他们中间"（玛 18：19~20）。

③ 参阅《天主教法典》第 338 及 341 条。

④ "大公"两字的原文为希腊文 katholikos，字根为 katholou，意即"全球的""全体的""公的"，与公教的"公"字语义相等。参见天主教百科全书网络版本，http：//www.newadvent.org/cathen/03449a.htm。

及三项宣言。涉及的时间及内容的广泛足见此事对当代教会有深远的影响。① 梵二中最重要的莫过是教会本地化的路向，这一步大大促进亚洲地区的圣召，为欧洲地区日益下降的圣召提供活力，并加强亚洲作为世界一分子在教会内的影响力。

关于更新修会生活的指引主要可参考两份梵二的决议文件，包括《教会宪章》及《修会生活之革新法令》。《教会宪章》共分八章，主要重新确定教会的使命，让教会更能适应当代的挑战，并在传统与更新之中作出判断，以展现教会生活的本质。主论修会的部分在宪章的第六章"论修会会士"。重要内容包括"福音劝谕"的比喻以及会士的特殊地位。②《教会宪章》第 44 条更详细说明这种特殊地位，并因此而作成法典中关于修会生活的第一条法例。《教会宪章》明列"因福音劝谕的誓愿而形成的修会地位，虽不属于教会的系统组织要素，却与教会的生活及圣德不可分离"③。因此修会也是属于教会权下④，它们之间的关系就是按各修会的需要，它们及它们的会士"都可由教宗根据他对普世教会的首席权，针对

---

① Walter M. Abbott（ed.，1966），"The documents of Vatican II – with notes and comments by Catholic，Protestant，and Orthodox Authorities"，New York：The America Press，pp. 1 – 9.

② 《教会宪章》第 43 条："……好像由天主所种的一棵树，在主的田园内奇妙地多方繁殖，而产生隐居或集居的各种生活方式，和不同的家族，一则为增进其属员的利益，同时也裨益整个基督奥体"。〔修会会士〕"并不是圣职与教友之间的一种地位，而是从二者之中，有若干基督徒蒙天主召唤，俾能在教会的生活内沾受特别恩宠，每人按自己的方式，有助于教会的救世使命"。

③ 《教会宪章》第 44 条："所以福音劝谕的誓愿，犹如一种标记，能够也应该有效地吸引教会的每一分子，勤奋地履行教友使命的责任。因为天主的子民在此世并无永存的国度，却在追求未来的国度，修会地位使其门徒更超脱于现世烦琐之外，更能向所有信徒昭示天上的福乐在现世已经获得，更能证明因基督救赎所得的永恒的新生命，更能预示将来的复活及天国的光荣……"这里所说的"标记"对应教会法第 573 条 1 项就是"献身"。

④ 《教会宪章》第 45 条：既然牧养天主的子民，领之达于丰茂的草原，是教会圣统的职责，所以教会有权利以自己的法律，明智地管理专为培养爱主爱人全德福音劝谕的实行。

着公益，从地方教会当局的权限内脱免出来，专属教宗管理。同样地，可以准许或委托宗主教以本有的权力管理之。修会会士按照其特殊的生活方式对教会尽其职务时，应该按法律的规定，对主教表示尊敬与服从，因为主教在区域性的教会内，负有牧民的职权，又因为在传教工作上需要保持统一及和谐"①。此外，还解释为何要宣发修会圣愿②，福音劝谕如何帮助人格的发展，以及对社会的若干神修及服务助益，希望消除人们对修会的某种误解。修会生活"虽然舍弃世间事物，甚至远离本身有价值的事物，这对修会人士不是一种剥夺，而是一种解放，使他们能够发挥更大的创造力，获取更可贵的富藏"③。

另外一份文件《修会生活革新法令》则专述修会生活革新的内容细节。全篇共25条款目。主要内容为修会需要革新的主因，即包括回归基督化生活的根源，各修会原来的目的，以及环境变迁的适应。④为完成这些目的，革新必须体现在任何地方，和各方面的活动，包括祈祷、生活及工作方式，与修会管理相关之"会宪、守则、习惯、经文、仪式及其他同类书册，当加以适当的订正，取消其不适宜者，使之能与神圣公会议的文件相符合"⑤。修改的时候亦应听取会士们的意见⑥，强调全体参与而非由管理层直接决策，这也是大公会议革新的亮点之一。文中也建议隐修会与从事传教的教会该认

---

① 《教会宪章》第45条：既然牧养天主的子民，领之达于丰茂的草原，是教会圣统的职责，所以教会有权利以自己的法律，明智地管理专为培养爱主爱人全德福音劝谕的实行。
② 《教会宪章》第44条。
③ 《教会宪章附释义》，孙静潜译，香港公教真理学会，1965，第128页。
④ 《修会生活革新法令》第2条。
⑤ 《修会生活革新法令》第3条。
⑥ 《修会生活革新法令》第4条。

清自身的特性以进行改革①，也有针对福音劝谕而作出的建议，另外亦要考虑诸如更改会士服装，合并或联合衰落的修会以维持教会事业发展，甚至考虑"放弃不合本会真正精神和性质的事业，以便能适合时代及地方的需要"②。至于法令内其他提及的生活内容的地方，主要是各修会共有并遵行已久的，而且本文已经或多或少提及过，这里就不再重复了。教会法除了引用《教会宪章》之外，法典第573条都是由《修会生活革新法令》之文章精神总结而成的。③

当代修会的响应

阅毕梵二之中关于修会改革文章的读者，不难察觉梵二精神就是要让修会管理与它的会规"生活化"，放弃以往只管注重教条化的生活规律。圣座提醒修会"适应革新的期望应寄托于谨守会宪与规则，而不在于加增会规的条文"④。而且，梵二的规条大都是方向性，并没有像历届大公会议般颁布新的信理。⑤ 要说明现在修会"普遍可见的趋势"时，我们可参考圣母圣心爱子会 John Lozano 神父引用方济各会 Thaddée Matura 神父提出的特质⑥，包括修会内逐渐以人为中心；女权的提升；生活重于制度；以服务工作向世界开

---

① 《修会生活革新法令》第7~8条。
② 《修会生活革新法令》第20条。
③ 宋稚青：《从法典看献身生活在教会内的使命》，《神学论集》第61期，1984，第449~455页。
④ 《修会生活革新法令》第4条。
⑤ 香港天主教正义和平委员会，《梵二内容简介》，择自教区教友培育办事处，http://www.dolf.org.hk/hotline/faith/46220.htm。
⑥ John M. Lozano, C. M. F. ：《今日修会生活的趋势》，左婉薇译，《神学论集》第61期，1984，第375~408页。

放；重新解释修会生活；以及终身奉献的问题。① 由于理论已经由上述笔者们提供，这里我就简单以一些例子对其中几个比较显而易见的例子，希望说明梵二在修会方面的一些影响。

过去，修会会宪"通常要求团体领道人照料他们弟兄姊妹精神及肉体的福祉。新会宪则要求他们协助他们弟兄姊妹各方面的成长，不论是心理健康、教育或专业训练等层面"②。例如圣言会现行的会宪上列明："我们对每位会士的生活和工作，应表现真诚的兴趣，尽量地帮助、鼓励他，使他的生命及才能获得充分的发展。我们分享每位弟兄的喜乐和希望，并分担他们的痛苦与困难。良善和仁慈应当是本会最显著的特色。"③ 这是在梵二之前作为传教修会所没有的要求。现在，圣言会会士培训会以他们各自擅长的能力作为将来工作安排的参照标准。他们在港澳的服务也很广泛，包括 1970 年启用位于蓝田的圣言中学，充实该区当时所缺乏的教育事业。1994 年，香港教区把三个堂区交给圣言会提供牧民服务。2007 年，圣言会在澳门下环区成立另一个团体，多位会士在圣若瑟大学提供教学服务，以及在花地玛堂区提供牧民服务④，管理整个堂区的运作。这正体现圣言会的特殊目的与大公会议的精神⑤，并大大更新了修会生活的方针，更开放地面对社会的改变与挑战。

---

① Thaddée Matura, O. F. M. （1974），*The crisis of Religious Life*，Chicago：Franciscan Herald Press.
② John M. Lozano, C. M. F. ：《今日修会生活的趋势》，左婉薇译，《神学论集》第 61 期，1984。
③ 圣言会（中华省）译（2011），《圣言会会宪》第 303 条。
④ 温安东：《圣言会及其在中国的传教工作》，陈爱洁译，总第 164 期，2012。
⑤ 《圣言会会宪》第 503 条："会士们才能的发展应当和本会的特殊神恩一致。个人才能的发展应增进健康的自尊，使人更容易地接受自己的有限性；其结果应是一个十分健全而平衡的人。"

　　另外一个趋势就是"修女开始提倡改革，并在教会及社会中担负为民服务的使命"。其中一个显著的地方是参加修会以外的服务，包括在团体外进行"教学，著书，做灵修指道，讲避静及神操，做辅道，担任堂区工作等等"①。港澳著名的修女有母佑会高夏芳修女，她出版了许多关于天主教信仰的书籍。另外，她也去不同的团体及学校教授圣经学和教父学，还担当梵蒂冈教廷修道生活部及基督徒合一部任顾问。她在圣经学、教父学等方面的讲授与研究已得到普世教会不少学者的认同，而过去那些学科主要是由男修士或司铎进行研究的。很难想象教会一百年前可以有如此多的女修士参与以往只有男性参加的事情。而且，2011 年修女团体总人数为 729371人，足足是男修会人数的三倍②，修女团体由于没有司铎职，这反而使她们享有较大的行动自由，去进行更多不同类别的服务工作。梵二的机遇亦使修会内女性的地位重新定位。

　　大公会议上一直强调重新思考修会生活的方式。以往大多数的修会会宪，都带有很多苦修劝谕，并强调法规与纪律，甚至无数细微琐碎的规条。这或多或少让普罗大众认为修会是很保守，不出来看看世界的变化，墨守成规。今日的新会宪及生活规则，所保留的规范很少，几乎没有纯纪律性的；其重点在精神上，把守法提升到精神层次，把基本法律重新诠释为对圣召和修会的精神。③ 会宪中强调生活品质也是其一大革新之地方。例如道明会基本会宪中特别

---

① John M. Lozano, C. M. F.：《今日修会生活的趋势》，左婉薇译，《神学论集》第 61 期，1984。

② 男修会会总数为 189843 人，包括修会会士司铎 135051 人，修会终身执事 563 人，和修士 54229 人。择自 Agenzia Fides/信仰通讯社译（2011），《梵蒂冈——世界传教节专题报道：天主教会统计资料》，http://www.fides.org/aree/news/newsdet.php? idnews =6971&lan = chi。

③ 龙雪冰：《从出世到入世看今日的修会生活》，《神学论集》第 75 期，1988，第 119 ~ 131 页。

强调各会士的个人性，重视每一位修士的特性，"不要像在法律之下的奴隶，而应像在恩宠中的自由人"。① 多样的服务工作亦体现了修会对社会事务的积极参与，以澳门为例，澳门大部分的老人院都是由不同的女修会协助进行老人服务；由教区负责经营的社会福利服务机构约有十数所，包括澳门明爱总署，利玛窦社会服务，托儿所，社区互助中心等。② 社区服务亦可彰显慈爱德行，爱人如己，并践行基督训诲。澳门耶稣会的陆毅神父（Fr. Luis Ruiz Suarez, SJ, 1913 – 2011）就是一个活生生的例子。他终生为最贫困的穷人服务，成立明爱的前身"利玛窦社会服务中心"，设立麻风服务，为贫困者提供教育，艾滋病受害者康复服务，以及全中国性的"利玛窦社会服务"等，对澳门乃至大中华地区具有深远的影响。③

结　语

梵二对修会的影响主要体现在天主教法典更新的条文，梵二文献本身的训道，以及修会生活的再认知。诚如教会法序文告诉我们："法律的目的决非替代信友们在教会生活中的信德，恩宠、神恩，更不替代爱德。反之，法典的目的是要在教会团体中建立秩序，使爱德、恩宠与神恩享有首要地位，而同时能在教会的团体生

---

① 择自道明会基本会宪，《个人与团体》："每位会士的责任感及其个人的神恩，必须特别予以重视和发展。每位会士接受修会的陶成之后，应当视为成熟的人，原因他能够教道他人，并在本会内"负起各种责任。为此，本会不愿会规以犯罪的责任来约束人。会士应明智地服膺会规，不要像在法律之下的奴隶，而应像在恩宠中的自由人"，http://www. catholic. org. tw/dominicanfamily/constitucion_ fundamental. htm。
② 参阅 2012 年天主教澳门教区手册。
③ 择自澳门明爱对陆毅神父的生平介绍，http：//www. casaricci. org/。

活中，以及所属成员的个人生活中，得以顺利而有秩序的发展。"①
法典作为工具的特性，它乃是梵二大公会议训道的补充，尤其针对
教会宪章及教会在现代世界牧职宪章。② 正因为教会是一个人世的
团体，具有组织和法律，但它首先是天主的慈爱在人间的临现，这
才是《教会宪章》第一章称教会为"奥迹"的真正意义。③

　　此文章只能对修会革新提出一点根据及实践的情况。对此希望
能起一个初步介绍当代修会面貌的作用，为进一步了解更多关于修
会管理的情况提供基础。修会的多样性正显示出神恩的无限可能，
在教会内与普世教会"求同存异"，在不同的服务与及灵修观上荣
主救灵，协助建立教会。

---

① 《天主教法典》（1983）（新法典）序文，中文译本由（台湾）中国主教团秘书处出
　　版，1985。
② 《天主教法典》（1983）（新法典）序文，中文译本由（台湾）中国主教团秘书处出
　　版，1985。
③ 参考《教会宪章》第一章。

培养宗教团体的治理能力

——澳门巴哈伊的若干经验

江绍发[*]

引　言

众所周知，巴哈伊信仰不设神职人员。它用何种组织实现为大众赋能的首要目标呢？它对于"权力"概念是如何重新定义的？换言之，这个宗教团体内的各种关系是如何被重塑的？对这些以及其他与治理相关的诸多问题，巴哈伊团体的成员和治理领域的学者都十分感兴趣。因为该团体的治理理念在宗教领域甚至治理学研究中都是新的。

本文分为四个部分。第一部分，分析巴哈伊治理体系的目的和架构。一个机构的目标很可能会决定它的架构的类型。更重要的是，组织的架构是权力概念的一种反映，包括组织内的权力关系[①]。任何权力概念的变化形式都需要某一特定群体在一个机构之内对其

---

[*]　江绍发，巴哈伊教澳门总会主席，澳门大学工商管理学院副教授。

[①]　H. 明茨伯格：《权力和组织的生命周期》，《管理学会评论》1984 年第 9 卷，第 2 部，第 207 页。

进行操作和培养。第二部分，探讨它的选举程序及人性观。第三部分，论述它的决策模式，以及他们的学习活动。知识的性质及其与行动的关系，在关于治理的论述中是非常重要的。一个机构对知识的性质和人性的假设，常常反映在它的教育和培训过程中，而这些又与治理能力的培养有关——本文的第四部分将对此进行论述。在每个部分，本文试图通过回到巴哈伊文献以及治理的整体知识来理解他们的行为。在该团体治理的各个方面中，一个贯穿始终的主题是为实现良好治理而实行能力建设。实际上，巴哈伊甚至把整个文明历程看作能力建设的过程。①

一 巴哈伊治理体系的目的和架构

在试图理解巴哈伊机构及其与团体治理的关系时，我们不能忘记，它只是逐渐从创始者的教义中具化成形的。我们还应承认，机构的大框架最初也是他们的典籍所赋予的。本文给出的只是其中澳门团体的快照，它正尝试将巴哈伊文献中的大框架付诸实践。有趣的是，在巴哈伊圣作中，"治理"指的是一种托管，是对一种信托的治理。每个人都是作为社会的信托而来到这个世界的。因此，民众的福祉便托付给了社会的治理机构②。

当前，巴哈伊团体在澳门设有三个分会（地方灵理会）③和一个总会（总灵理会）④，都是每年选举一次。全世界巴哈伊治理体系的

①　关于本研究的资料来源，作者在澳门巴哈伊团体的大量活动中有亲身的观察和参与。此外，本文还会用到该团体的各种文件资料，例如会议的议题、记录和报告等。
②　巴哈伊国际团体：《在公共机构中抵制腐败与确保公正：巴哈伊观点》，张展辉译，澳门新纪元国际出版社，2007，第 10 页。
③　英文的写法是 Local Spiritual Assembly。
④　英文的写法是 ［National］ Spiritual Assembly。

主要目的是帮助辖区内的全体居民（不分宗教信仰）获得社会、知识和灵性上的发展，从而为不断演进的文明做出贡献。从这个角度看，有许多工作都是机构本身能够做，也应该做的。现阶段，它们的工作主要集中在社区建设的三种相关的行动上。

第一种行动，涉及个人和机构的能力培养，以及与之同步的社区建设。主要方法是一个通常被称为"研习课程"的教育和培训项目。这种社区建设通常以社区内的居民对话为开始，对话内容则是他们当前以及未来的福祉。一旦有人想为社区做些事情，他们便会发起一项活动，例如儿童灵性教育课程、少年赋能小组、赋予参与者服务能力的研习小组、祈祷会，或者更多关于社区福祉的讨论。从一个简单的活动开始，所有这些活动都会逐渐建立起来，与参与者的不断增加保持同步，而研习课程的学习者，就是这些活动的人力资源。目前，澳门许多社区已经开始实行这种社区建设的模式。虽然，他们的努力通常并不引人注目，但我们确信这种社区建设的努力正在成倍增加，而且其中一些在以一种非常健康的方式发展。

第二种行动，涵盖了社会范围更广的社会发展活动，特别是在巴哈伊文献启迪下产生的社会和经济发展项目。这类行动范围很广，从青少年参与的一次性的活动（如"大扫除"），到一些定期的活动（如每年一次的"亲子营"），再到那些长期的、可持续的活动。

第三种行动是对于影响人类社会进程的一些问题的讨论。这种行动是多层面的，从邻里交谈，网帖，博文，专栏稿，研讨会等。目的都是用受到巴哈伊教义启迪的目光去解读社会现实，并尝试把这些教义应用于社会现实。在此过程中，机构会寻求志同道合的个人、非政府组织、学者和政府部门的合作与支持。

目前，澳门巴哈伊机构的精力主要集中在上述第一种行动。当第一种行动达到一定的成熟度以后，第二种和第三种行动将自然出现。最终，作为社区建设的引擎，所有三种行动将在方向和运作上实现更高程度的统一。

在社区建设以外，分会还处理一些事务：组织每 19 日一次的灵宴会、巴哈伊圣日、各种增强家庭成长、丰富团体生活的活动、婚礼、个人问题、基金和财产管理等。尽管事务纷繁复杂，但所有机构都没有全职或兼职雇员。分会的效率于此可见一斑。而且，多数分会成员每月有 20 ~ 40 个小时①参与建设社区的第一种行动，这些多是治理活动以外的事。

概言之，分会正在学习提高团体成员的能力，扩大团体规模，培养有利于更多人共同参与的环境，评估并有效地利用资源，确保学习方法在不同的服务中有一致的应用，以及与当地社团和政府部门互动。

相比于在地区层面②工作的分会，总会也有相同的工作目标，不过它要通过分析、协调和陪伴各分支机构，在整个澳门完成这些工作。总会的机构中包括澳门巴哈伊研习中心（致力于儿童灵性教育、少年灵性赋能以及培养服务能力的教育和培训）、分区发展委员会（致力于扩展和发展项目）、社区关系署（关注社会对话）、青年委员会（从青年的角度关注发展事务）、妇女发展署（承担男女平等和家庭发展方面的议题）。巴哈伊精神启迪下的组织（巴迪基金会就是一例），并不是巴哈伊教务治理体系的一部分，总会也不干

---

① 这与个人花在与信仰有关的活动上的时间不同，因为后者的性质是私人的，例如花在个人祈祷、阅读圣作、与朋友分享信仰上的时间。

② 全世界大部分分会都是立足于某一个市的。

预其日常工作。但有时，总会将提供必要的指引来协助这些机构，以保证其努力的廉洁性不受损害。

从以上简述中可以看到，巴哈伊机构的工作尚处于初级阶段，离他们要履行的目标还很遥远："它既要提供一种推动力，借此潜藏在巴哈伊信仰中的活力能够展现、具化和塑造人的生活和行为，同时又要在构成巴哈伊团体的多元因素中，充当交流思想和协调活动的媒介。"①

1. 与洲级顾问及辅助团成员的关系

灵理会是通过选举产生的治理机构。在选举机构之外，还有任命的机构。一些灵性能力和经验得到公认的杰出个人会被委以顾问等职。他们在向巴哈伊团体提供激励和建议方面扮演着十分特别的角色。尽管他们不像灵理会那样拥有决策权，但灵理会一般会征询他们的见解。从培养信徒能力的意义上讲，他们扮演着教育者的角色，并且受到研习中心的协助。此外，这些杰出人士还创造了一种环境和流程，让个人和机构能够反思团体当前的情况，借鉴姊妹团体的认识或教训以促进自身发展，从而推动团体的进步。从多个角度上讲，这些个人可被比作公司的"知识经理人"。的确，他们的服务确保了知识在团体中的生成、应用和传播。如果将宗教定义为一个知识和实践体系的话（巴哈伊倾向于这种定义），我们便可以充分认识到他们的重要作用。顾问（由世界正义院任命，任期五年）与总会共同协作。辅助团成员（由洲级顾问团任命，任期五年）可以任命助理，令其与某分会、青年群体以及特定的项目等一起工作，其任期由辅助团决定。在所有协作中，他们所表现的是一

---

① Shoghi Effendi, Bahá'i Administration, Wilmette, Bahá'i Publishing Trust, 1974, p. 109.

种"视野的宽度和思想的透明度、灵活性以及智慧"。他们用自己的努力以及社区建设举措和个人转变的喜悦支持着朋友们。他们带入服务领域的是,"他们通过与其他团体成员并肩工作所获得"的相关的"丰富的知识",是一种对"表现出服务意愿的个体之能力的信念",是服务团体的坚定决心,是"毫无家长式作风的绝对的爱",是"一种聆听的意愿"①。简言之,这里需要的不是个人魅力,而是一些能够赋予他人能力的特质和技能,而这正是这些杰出个人想要努力展现的。不同于流俗的是,他们不把自己的"行政角色"看作个人成就,而是视为服务的机会,他们的喜悦来源于见证与他们并肩服务的个人和机构的进步。一言以蔽之,这些杰出个人以个体方式发挥作用,并不拥有通常与我们所熟悉的大多数机构联系在一起的权力,但他们仍然能够在各个方面扮演不可或缺的角色,包括培养团体成员的能力,释放个人的力量,建立新的行为模式。

2. 与世界正义院的关系

巴哈伊信仰的元首由创始人生前确定。阿博都–巴哈和守基·阿芬第相继被任命为信仰的领袖和权威阐释者。在他们之后,没有人获任元首,从 1963 年开始,该教由世界正义院领导。这个机构由全世界的国家总会的成员每五年选举一次。今天,全世界的巴哈伊都能寻求世界正义院的指引,特别是关于一些巴哈伊圣作中没有明确阐述的问题。在国际层面,世界正义院"管理它的事务,协调着它的活动,促进着它的利益,执行着它的律法,并且保护着它的属下机构"②。澳门总会自然地连接起了世界正义院和

---

① 世界正义院 2010 年 12 月 18 日给洲级顾问委员会大会的文告。
② 守基·阿芬第:《巴哈欧拉之天启》,载《巴哈欧拉之天启 新世界体制之目的》,澳门新纪元国际出版社,1995,第 57 页。

澳门巴哈伊团体。不过，个人和分会可以自由地与世界正义院进行交流和磋商。

尽管世界正义院是巴哈伊教治理体系的最高机构，但它并不会狭隘地指定一套固定的教条，或要求执行一个高度集权的流程。与其他巴哈伊机构一样，它不会通过机械化的程式或僵硬的指示来引导行动。全世界的巴哈伊团体正在学习如何将教义转化为行动，世界正义院要指引巴哈伊信仰的发展，宽泛地决定做什么，何时做。总的来说，它"开拓行动的舞台，鼓励全世界做出多元化的回应，通过促进学习来确定最有效的行动模式，并且将全球团体团结在已经得到验证的做法之下。"① 从这个角度看，澳门巴哈伊团体是在世界正义院的指引下发展的，而前者又在对后者协调下的全球性学习事业做出贡献。为此，与全世界约 200 个总会一样，澳门总会定期向世界正义院提交报告和会议记录并得到适时的指导。在其多项职能中，顾问会把一个地区或国家的发展与巴哈伊世界中心不断研究出的见解和指导连接在一起。更重要的是，总会与本大洲或其他地方的一个或多个总会建立合作关系，这通常是在顾问或世界正义院的协助下完成的。

3. 与团体内成员及社会大众的关系

现在社会中机构和选民之间大多存在对抗关系。但巴哈伊团体并不如此。他们有义务选举和被选举为机构成员。他们可以通过多种渠道自由地向灵理会提出建议和建设性的批评，同时他们也应支持灵理会的决策。如果不认可决策的最终结果，个人可以提议分会或总会重新审查其决策，但不可以采取抗议或抵制的方式。显然，

---

① Paul Lample (2009), *Revelation & Social Reality: Learning to Translate What is Written into Reality*, Florida: Palabra Publications, p. 49.

只有建立在互惠合作的基础上，这样的关系才能行得通。因此，巴哈伊团体对权力的重新定义才显得分外不同。这种关系并不靠强迫和管制，而是建立在相互理解的基础上：机构是他们自身的一部分，是服务的力量在塑造、影响着他们之间的关系。在这一语境下，我们才可以解读灵理会的如下努力：赢得所有成员的友善和支持，动员团体内的各种才华和能力，在整个团体内培养主动性和进取精神①。

如上所述，巴哈伊选举机构和选民之间的关系奠基于互相理解和尊重。为此，机构与信徒需要进行广泛的磋商和定期的会晤，以获得对巴哈伊信仰的愿景和目的的更深刻理解。此外，还有一个制度化的会议——19日灵宴会②——来实现团结。

作为基层治理的一部分，19日灵宴会向成人和儿童开放，这一定期的聚会促进和维护了澳门团体的团结。它也提供了一个社会空间，给成员们反思团体的状态，就如何改善他们的状况进行磋商。灵宴会有三个必备元素：祈祷、磋商及交谊。在祈祷部分，人们诵读巴哈伊圣作选段和其他宗教的经文。随后进行广泛的讨论，让每个成员就团体事务发出自己的声音，把灵宴会变成"社会最基层的民主舞台"。灵宴会的最后是交谊。个人和家庭有当灵宴会"主人"的机会，在这一角色中，他们不仅生发出对所属团体的主人翁意识，还身体力行热情好客的美德。

但是，上面的论述并不是说，巴哈伊在发展相对封闭的宗教组织。恰恰相反，"人类一家"的信念不允许那种狭隘的观念渗入他

---

① 保罗·兰普尔：《创造新思维：对个人、机构与社区的思考》，万兆元译，澳门新纪元国际出版社，2007，第75页。
② 巴哈伊历有19个月，每个月有19天，19日灵宴会便安排在每个月的第一天。

们的体系。他们的确希望为新的社会秩序做出贡献，而且他们的努力不可能在与社会大众隔绝的情况下完成。对此，巴哈伊圣作给予分会大量的指引，即它们的存在和运作要涵盖整个社会。分会曾被告诫："所有的讨论都应围绕灵性问题，如对人们的教育，对儿童的教导，救济穷人，帮助全世界各阶层的弱者，和善地对待所有民族，传播上帝的芬芳，以及颂扬祂的圣言。"①

在流行的机构与个人的关系中，个人有保持自由的需求，机构有施加控制、推行制度的欲望，二者的斗争是持续不断的。在此问题上，我们必须牢记，影响了大多数人类关系的对抗或竞争关系并不能被用来理解巴哈伊的情况。巴哈伊信徒常用一个比喻来描述他们在此问题上的观点：个人就像人体的细胞，各个器官就像不同的机构，而人体就像团体本身。显然，我们不能把细胞之间、器官之间或者细胞与器官之间的关系视为竞争性的。个人追逐私利的倾向和社会达尔文主义也是不合适的。

巴哈伊认为人有善恶两种倾向。教育和思考让个人想努力摆脱人性中的低级冲动，为社会的改善做贡献。"对巴哈伊律法的信守多是靠个人良知，但对其中一些律法的违背是有社会负面影响的，并可能受到教务治理上的惩罚。惩罚措施旨在保护团体，鼓励个人自省。在巴哈伊中，惩罚的情况很少见，而且机构必须'在面对朋友们时保持极大的耐心和宽容'，'对信徒的私人生活多加关照，而不是冒昧窥探'。"就对信仰的服务而言，机构也不应该决定个人的义务。"'个人必须独自评估它的品质，询问自己的良知，虔诚地考虑它的所有方面。'我们鼓励机构对错误持包容态度，给个人以采

---

① 'Abdu'l – Baha, quoted from Baha'i Administration, wilmette, Baha'I Publishing Trust, p. 22.

取各种行动的自由，并避免批评的氛围，因为这样可能会损害人们的主动性。"①

二　巴哈伊机构的选举程序

分会每年通过无记名投票选举一次。每年的 4 月 21 日，所有成年信徒会聚在一起选举。他们鼓励缺席的人递交缺席选票。在祈祷和冥想后，每位信徒将写下九个名字。这九个人是他们认为最有资格治理团体事务的。入选灵理会的人并不需要获得多数票，而是九个得票最高的人。当选者将继续从九个人中选出分会的主席、副主席、秘书及财务人员。

团体的每个人都有被选举权，选举者凭良知做出自由的选择。不存在任何形式的竞选、拉票或提名。所有成员都有义务选举并支持分会的决策和指导。一旦当选，他们也有服务的义务。

总会也是每年选举一次，但分两个步骤。澳门的所有巴哈伊被分成 19 个单元，每个单元选举一名代表。因此，第一步是根据澳门各地的成员比例，在"选区大年会"上选举代表；随后这些代表在一年一度的"全区（国）大会"上相聚，从全体澳门成年信徒中选出总会的成员。除了选举代表和总会的成员外，"选区大会"和"全区大会"还是一个很好的平台，供人们思考整个澳门团体的状况，并向即将产生的总会提出相关分析和建议。与分会一样，当选的九名成员随后要选出总会的主席、副主席等。为确保选举的公正性，分会的选举和"选区大会"受到总会的监督，而总会的选举则

---

① 　Paul Lample（2009），*Revelation & Social Reality：Learning to Translate What is Written into Reality*，Florida：Palabra Publications，p. 214.

受到世界正义院的监督。

　　一个常见的问题是，"没有宣传特定人的竞选活动，人们如何知道该选谁？"在巴哈伊的例子中，信徒应通过参与不同活动去了解其他人。此外，巴哈伊圣作清楚地阐释了当选者的品质。选举人应当只考虑"那些同时具有这些必需品质的人：无可置疑的忠诚、无私奉献、训练有素的头脑、公认的能力和成熟的经验"①。

　　在当今的选举中，自我宣传是一种宝贵的特质，但在巴哈伊的实践中，它却是不受欢迎的。实际上，它完全违背了巴哈伊的整个选举体系。巴哈伊也不赞成将选举视为提升自我势力的做法。为机构服务确是一项特权，但它并不是一个特权职位，也没觊觎团体的物质资源的权利。巴哈伊把在机构服务看作义务和责任，看作一种召唤。换言之，这只是一个学习和服务的机会，信徒在一生中随时都可能得到，但不应竭力去追求。值得注意的是，在澳门巴哈伊选举机构中，多数成员都是女性，受过良好教育的专业人士和年轻人。在宗教领域里，这是一个有趣的特点。

　　人们有时期望在机构留下个人的印记。实际上，这与对巴哈伊机构成员的要求十分不同。在巴哈伊的实例中，他们被要求参与到学习的最前沿，"完全漠视自己的爱好、个人的兴趣和倾向，把所有的心思都集中到那些有益于巴哈伊团体的福祉、能够促进大众公益的措施上"。② 他们绝不会"受到误导，以为自己是圣道机构的核心部分，在本质上优于他人的能力或品质，是圣道的教义和原则的唯一推动者"。他们被要求以"极度的谦卑"来履行职务，展现出

①　Shoghi Effendi, Bahá'í Administration, Wilmette, Baha'i Publishing Trust, p. 88.
②　Shoghi Effendi, Baha'i Administration, Wilmette, Baha'i Publishing Trust, p. 41，转引自保罗·兰普尔的《创造新思维：对个人、机构与社区的思考》，澳门新纪元国际出版社，2007，第101页。

"他们开明的思想，他们高度的正义感和责任感，他们的坦诚，他们的谦逊，以及他们对教友、圣道和全人类的福祉和利益的全心奉献，不仅要赢得服务对象的信心、真心的支持和尊敬，还要赢得他们的敬重和真正的爱戴。"①

最终，机构成员的自我实现不是来自物质回报或更高的地位，而来自"制定新的措施确保民众进步"，来自体验"执法的快乐"，来自"畅饮良知和诚意之泉"。在巴哈伊团体所弘扬的价值体系中，个人的"幸福和伟大、等级和地位、快乐和安宁，绝非由其财富所致，而是源于其卓越品格、坚强意志、博学多识及排忧解难之能力"②。

三　决策机制

要说明的是，无论个人多么受尊敬和赞誉，他们都没有个人的权力或权威。在巴哈伊机构中，个人不会为集体制定政策或做出决策。决策权在于灵理会，虽然它们会把某些事务交给某委员会或成员。作为一个机构，分会本身与为之服务的成员是不同的。守基·阿芬第提醒道："他们的职责不是发号施令，而是协商共议，集思广益。他们不但要凡事磋商，还要尽可能地咨询他们所代表的人。"③

这一集体决策方法称为"磋商"，其性质是非对抗性的，它寻求的是以一种团结众人而非分离众人的方式，达成团体的一致意

---

① Shoghi Effendi, Baha'i Administration, Wilmette, Baha'i Publishing Trust, p. 64.

② 阿博都－巴哈：《神圣文明的隐秘》。转引自《携程共勉》，澳门新纪元国际出版社，2009，第6页。

③ Shoghi Effendi, Baha'i Administration, Wilmette, Baha'i Publishing Trust, p. 64.

见。团体在制定有效决策时，应特别注意信息的收集和反馈。大家还应努力使团体的磋商过程开放、公共参与度高且包容性强。

为了使磋商良好地运作，磋商的人须具备一些特定的品质和实践技能，包括"成员之中的爱与和谐，纯洁的动机以及谦卑恭顺"，他们要"以极其热诚、礼貌、端庄、谨慎和温和的方式陈述自己的意见"。他们相信，"只有经过不同意见的撞击之后才会擦出闪光的真理火花"。①如果磋商没有达成一致意见，就按照多数票原则做出决策。一旦决策做出，他们都要全心全意地给予支持。

显然，他们应当对有关本团体的更广泛的信息和反馈做出回应，同时，保证这些信息和反馈不会受到强大的、自利群体的操纵和压力。这个过程还得益于辅助团成员或顾问的建议，他们长期积淀的智慧和灵性使磋商更具成效。如果灵理会感觉在某个问题上缺乏特定的知识，还应咨询相关领域的专家。实际上，他们的决策过程会受到相关依据以及多种用于解读这些依据的框架（包括巴哈伊文献以外的资源）的影响。当然，他们一直都在努力搜寻并应用相关的道德和灵性原则来引导决策过程。

在地方层面上，分会得到的建议可能来自个人、分会的特别委员会（如灵宴会委员会）、灵宴会、辅助团成员、总会以及分会自身的成员。然后分会的主席会根据分会议定的重要次序来组织议题。议题得到会议批准后，接下来各成员就每个议题进行磋商。主席只是主持磋商，并不享有任何特权，如否决权。在充分磋商之后，如果仍未达成一致，则进行多数票表决。有些情况下，决策要推迟做出，直到收集到更多的信息，或者当成员感觉须进一步澄清

---

① 阿博都－巴哈：《阿博都－巴哈著作选集》，曾佑昌译，澳门新纪元国际出版社，2004，第78页。

相关教义，以达成统一理解的时候。这可能包括查阅更多的巴哈伊圣作，咨询辅助团成员或总会，或者咨询相关人士，甚至是某领域的专家。一旦决策做出之后，它便是整个分会的决策，而不只是该灵理会多数成员的决策。"阵营"、反对派或少数群体等概念不是分会的一部分。决策的执行将在随后的会议中得到审核，有些决策可能会根据执行过程中收集的新信息进行修改。

在过去的一年里，澳门的分会每三周会晤一次，总会则每月会面一次。分会和总会都成立了特别任务小组或委员会，来处理特定问题或项目。不过，所有的政策都要由灵理会的全体成员来决定。需说明的是，并非所有与信仰有关的问题都要由灵理会决定。个人拥有很大的空间，来发挥主动性，力行进取精神。甚至有些团体层面的决策会被委派给该地区的相关群体，这样，最终的决策便更能反映当地的实际情况。这些决策通常是在"反思会议"上做出的，这些会议旨在让参与特定活动的人经常聚在一起，根据经验和机构的指导，达成关于当前状况的一致意见，并决定后续的步骤①。更重要的是，为了达成统一的理解，顾问、辅助团成员、总会及其附属机构还在至少每年一次的"机构级会议"上会晤。

在任何情况下，都应在一个学习的背景下看待这一决策机制。分会要培养对行动的集体自我反思能力，或者系统的实验、分析、评估和计划改进的能力。毕竟，分会本身并非终点，它只是到达终点的方式，真正的终点是建设灵性和物质繁荣的、以正义和团结为基础的社会。为实现这一愿景，分会没有一个已经得到验证的程序可循，它只能依靠一些学习方法，包括行动、反思、磋商和再行动，从而找到必要的知识，以构建一个理想社会。他们的行动基于宗教

---

① 世界正义院 2010 年的《里兹万文告》。

和科学这两种知识体系。他们构建团结并注重过程，每个参与者都要尽可能地为知识的创造做贡献，认识到"自善"与"惠人"、"思想"与"行动"、"观察者"与"被观察者"、"个人"与"集体"、"物质"与"灵性"之间的内在关联。显然，这一学习模式对每个人（包括巴哈伊）来说都是崭新的，因此，有教育和培训之必要。

四 教育和培训

巴哈伊将治理看作一个培养能力的过程。在治理探索中，个人、机构和团体需要获得新的知识、技能和态度，需要学习的态度和灵活多样的教育和培训。

首先，巴哈伊信徒被告诫每日自省；而作为群体，他们正在集体的努力中建立行动、反思和磋商的循环。他们要从圣作中寻求指引和启迪。从这一点上讲，圣作便成为团结个人和机构的一种力量。举例而言，对个人和机构而言，若对圣作的指引地位没有共识，就很难确定工作议题的优先级，因为成员们通常来自不同的背景。确定议题的优先级，不能通过辩论、谈判和说服，而是需要回到圣作和世界正义院的指引上，通过磋商、行动和反思而达成统一的理解。

分会通常会在工作中回到圣作，以确定特定问题或事务是如何被论述的。成员们在获得对相关圣作的理解后，继续磋商并做出决策。在每个项目的最后，大家总会在 19 日灵宴会和分会的会议中对其进行反思。对巴哈伊而言，这一反思具有特殊意义，他们会问："我们从这个项目中学到了什么？"总是以此衡量每个项目的成败。

其次，他们每年有一系列深化理解巴哈伊选举性质与目的的活动，与治理相关的教育也是以此开始的。这通常是在两个层面上完成的。一是针对分会的选举，二是针对全区大会的代表选举。两个层面的教育对新成员尤为重要，因为所有选举人都必须理解巴哈伊选举的独特性及其精神原则。巴哈伊的选举是大众所陌生的。如何履行"神圣的选举义务"，确是一项要求颇高的任务。为此，顾问、总会和辅助团成员通常根据机构的特定需求，来设计和实施有关治理的学习项目。

再次，澳门所有灵理会的成员每年通常至少开两次会，确定任期伊始以及其他时期的方向，就特定问题或与工作相关的特定概念进行磋商。不同机构（包括辅助团成员和顾问）会按照不同的人员组合、频率和持续时间会面，以分享知识、更好地进行协调、依照愿景调整计划。当某一特定问题的经验已经更为清晰、明确时，会议也可以研习会议的方式进行。这里所说的所有会议都应被视为培养机构能力的一种努力。

而且，尽管现有的研习课程并非直接为加强治理能力而开设，但它对治理能力有积极的影响。课程的学习者，不仅学习如何磋商、做出集体行动以及共同反思，还很有可能对信仰的性质和使命得出一种共同的理解。换言之，研习课程的参与者是在用一些特定的技能、理解和眼光来充实自己，而这些技能、理解和洞察力可以让一个治理体系更为有效。

当前，全世界巴哈伊机构和团体的经验能够在多个层面（总会、顾问以及世界中心）得到分析，从世界各地提炼的知识和指导能与全球的个人、机构和团体进行分享。从这个意义上讲，每个个人、机构和团体都在参与一项全球性的学习，学习将教义应用于社会现实。的确，全球各地的参与者都在进行同一场对话，拥有相同的议题和关于未来社会的愿景。

结　语

如果缺少了对领导模式的审视，任何关于治理的讨论都是不完善的。本文描述的巴哈伊团体治理有几个特点：大众赋能，服务，自律，权力的集体表达，磋商、行动和反思而来的知识，自愿做出的良好行为，系统化和条理化，出于理解而服从，等等。但是，我们很难把这种讨论等同于一些现有模式。有人可能认为巴哈伊是在践行一种"公仆领导"①形式。然而，我们可以在前文中看到，巴哈伊领导模式虽与"公仆领导"有一些相同点，但其实二者是不同的，特别是从它们的哲学基础上讲。实际上，巴哈伊很少明确地描述他们的团体的领导模式。在这个问题上，最为接近的描述是"陪伴的领导模式"。在巴哈伊团体的话语中，陪伴一词的使用率越来越高。"陪伴"的概念和实践源于这样一种信念：每个人都走在一条服务之路上，去实现两个互相关联的道德目的——个人的发展和社会的转型。他是与他人一起走这条路的。一个人协助或赋予被陪伴的人以能力，这便是他的领导力的表现，同时他本人也在接受他人的协助。从这个意义上讲，每个人都是领导。陪伴者绝不会把别人看作竞争对手，他们"更愿意以他人的进步和服务为乐，而不是自己的成就。"②

为了更容易理解上述"陪伴的领导模式"，人们可以借助巴哈

---

① 罗伯特·格林利夫：《公仆领导的力量》，贝瑞特－科勒出版社，1998。
② 世界正义院 2011 年的《里兹万文告》。

伊信仰中的两个概念。一方面，巴哈伊文献认为人性有物质的和灵性的两个层面。物质本性是肉体进化的产物，是生存斗争的结果。尽管物质本性不可或缺，但如果允许它控制人的良知，将导致不公、残暴和自我主义。另一方面，人的灵性本质表现为一些美好的品质——爱、仁慈、和善、慷慨和正义。实际上，人性的灵性方面可以被理解为一种源泉，由它生发出超越了狭隘自利的美好品质。

巴哈伊不只是把灵性看作个人独有，而是相信它也有集体的表达。他们认为一些成就（例如奴隶制的废除、妇女的进步）的取得，并不只是因为历史上的竞争群体之间的权力平衡被改变，而是优势群体的灵性的集体表达。随着人类社会规模的扩大，以及复杂程度的提高，个人利益与社会群体利益的相关度不断增加。巴哈伊相信人类越来越需要扩大合作互惠的范围①。

第二个概念与巴哈伊的历史观有关。他们认为，在其集体生活中，人类已经走过了儿童期并将进入成熟期。因此，当今社会普遍存在的骚动和动乱就像青春期的特点。当然，初步的成熟带来了新的能力，也提出了新的要求，对此，旧的态度、思想和习惯已不能满足时代的要求。目前人类面临的挑战是改变旧时的方式，培养响应新时代的品质和能力。

当我们用上述框架解读历史时，封建社会就像是集体童年期，其社会关系通常是一种专制的、家长式的结构。帝王被视为民众的父亲。现代社会更像是少年，努力坚持自己的自主权力，试图打破传统家长式权威的束缚。虽然他的身体已发育完全，但这少年在情感和智力上仍然是不成熟的。因此，集体少年期的特点是：对正

---

① 迈克尔·卡尔伯格：《超越竞争文化》，乔治·罗纳德出版社，2004。

义、自由以及安全感的内在渴望，并以散乱和矛盾的方式表达这一渴望；持续摧毁过时的宗教形式和社会结构的斗争；回归宗教本真的原教旨主义；狂热的偶像崇拜；以及通过放纵肉体的欢愉来拒绝传统的道德标准①。

在成年期，个人将此前各阶段获得的所有不同的能力综合、协调起来。情感、灵性和智力上的力量得到了充分的发展。道德因为对人的相互依赖的成熟理解而得到加强。关心他人、服务他人成为有如以下引文所说的"人类一体"的核心关切。类似地，人类也在其成熟期融入唯一的全球社会中，能够利用科学、技术和经济力量来促进所有成员的福祉。正是在这一背景下，我们才能够理解巴哈伊团体的一些重要的治理概念，如"知识"、"权力"、"正义"以及"托管"等。

巴哈欧拉在一百多年前致维多利亚女王的一封信中，将世界比喻为人的身体，由此指明了唯一确有希望成功组织一个全球性社会的模式。诚然，在世界上，没有比这模式更值得我们重视的了。虽然人类社会并非由一堆不同的细胞，而是由赋有智力和意志的个人组合而成，但是人体生理运作的特色却阐明了生存的基本原则。其中首要的是"多样并存，大同团结"。正是构成人体组织的整体性和复杂性，以及身体各细胞完美地整合于其间，使得每个组成部分得以全面发挥各自的专门潜能。任何一个细胞，不论是对身体的功能做出贡献或是因整体的健康而受益，皆不可脱离身体之外而单独存活。人体因此而

---

① 霍辛·丹尼什，《团结：和平的创造性基础》，安大略：菲茨亨利＆怀特赛德出版公司，1986。

有健康，而健康的目的是使人的意识得以表达；也就是说，生理发育的目的是超乎身体及其组成部分的生存的。①

展望未来，我们有理由期待，巴哈伊们构建新社会秩序的事业一定能给我们带来更多新的知识，包括有关新的机构类型的知识。相信巴哈伊的探索并非孤例，正如下面的引文所说的，对治理的思考和改进是所有关心社会发展的人士的共同使命：

> 如果那些长期信奉的理想和历史悠久的制度，或者某些社会假定和宗教常规，已不再能促进人类大多数的福利，不再能适应不断演进之人类的需要，那就将它们清除并扔进过时与遗忘教义的故纸堆里。在一个受"不变则衰、不进则退"永恒法则支配的世界里，人类所设立的每一项制度都必然会逐渐失效，为何唯独上述这些可以例外呢？法律规范、政治和经济理论只是用作保障人类整体利益的，因此决不可为了维持某项法律或教条的完整而使人类受罪。②

---

① 巴哈伊国际社团：《人类的繁荣》，李绍白、张展辉译，载《谁在书写我们的未来——巴哈伊全球愿景》，澳门新纪元国际出版社，2009，第31页。
② 守基·阿芬第：《巴哈欧拉的世界秩序》，转引自《谁在书写我们的未来——巴哈伊全球愿景》，澳门新纪元国际出版社，2009，第11页。

探讨澳门巴哈伊团体廉正理念

陆　坚*

引　言

在地方、国家和国际层面实现有诚信的治理关乎诸多问题。腐败即是与诚信治理密切相关的问题之一。当今，腐败现象已经无情地侵蚀了人类社会的各个方面，一些宗教团体也概莫能外。现有治理结构与治理需求及条件的不匹配，不仅增加了人们的苦难，也使民众与治理机构之间的信任普遍瓦解。对现状的分析表明，我们需要一些能够平衡地方、国家和国际利益，从而为所有人带来正义的结构和程序，同时它们又要能够抵御内部的腐败，并且不受既得利益群体的操纵。

于1844年创立的巴哈伊信仰，已经表达了将世界各民族、各国家团结在和谐与和平之中的意愿。为此，不仅需要培养个人的新态度、新见解和新能力，而且需要重新构建包括治理机构在内的所有社会机构。本文尝试从巴哈伊原则出发，提出巴哈伊澳门团体对保护、加强团体廉正性的治理观点，并分享若干实践经验。本文分四

＊　陆坚，巴哈伊教澳门总会社区关系署，圣约瑟大学教授。

个部分：治理的概念和目的；巴哈伊团体的权力和权威；指引、教育和实践是维护廉正的重要基石；维护团体的廉正性和纯洁性。

一　治理的概念和目的

在巴哈伊文献中，治理指的是一种托管的表现，就如同对一个信托物的管理。每个个体都是作为社会的一个托付来到这个世界的，因此，人民的福祉便托付给了社会的治理机构。在某种意义上讲，托付的概念意味着机构和它所保护、服务的社会成员之间的一种契约。因此，诚信是治理的一个重要特征，是真正的责任感的来源。

以巴哈伊团体为例，被托付的"社会成员"便是信徒。巴哈伊遍布 230 个国家和地区，居住在 130000 余个地方社区，来自 2000 多个民族、种族和土著部落，使用着 800 多种语言。作为世界上发展最快的宗教之一，巴哈伊团体的成员在不断增长。新成员必须融入团体，为此他们须要新的理解、态度、行为、技能和习惯。巴哈伊治理机构旨在管理这一多元而且迅速壮大的团体。

为了满足治理的需求，巴哈伊治理机构设有地方、国家和国际三级机构。根据澳门的地理环境和居住分布，巴哈伊教澳门团体分别在澳门半岛、氹仔和路环设立了分会。巴哈伊机构在浩瀚的巴哈伊教义中有着明确的阐述，并且成为社团宗教生活中不可缺少的一部分①。

众所周知，任何对治理的讨论都必定包含对权力和权威的分析。权力是一种源自人类关系的状态，它使人们能够按照特定的方

---

① 关于巴哈伊团体治理的论述，请见《培养宗教团体的治理能力——澳门巴哈伊的若干经验》一文。

式行动。因此，如果某个体或机构能够导致或让人们按照某种特定的方式行动，我们便说该个体或机构是有权力的。权力可以通过威胁、暴力、经济控制、欺骗和操纵等来实现，或者由于被治理者对治理者的社会权利、知识上的优越性或灵性真理的认知而主动服从治理。权威便是使用权力的权利。

对巴哈伊著述及其实践的分析表明，治理的目的是：

- 促进正义和团结
- 促进知识的学习和创造
- 发展每个个体的潜能
- 引导个人为所有人的福祉发挥主创性
- 协调集体行动
- 保护廉正性和纯洁性
- 管理资源
- 解决分歧
- 照顾弱势人群

人们普遍认识到，如果权力被用于谋取私利（通常是经济利益）便是滥用。巴哈伊认为权力的滥用还会有其他形式。例如，权力被用于偏袒某个体或派别的利益；歪曲、操纵或限制他人获取知识和信息；通过宣扬个人主义、暴力、享乐主义、种族主义或宗派主义来腐蚀人性；让个体或某些社会群体遭受苦难和痛苦。

良好的治理体系既要实现权利的应有目的，同时要能够避免对权利的滥用。在很大程度上，治理体系的成效取决于三个因素——被治理者的特点，领导人的素质，治理架构和程序的性质。三个因素密切相关，一个受到实践、程序和政策的影响，另两个因素通常也会受到影响。有鉴于此，巴哈伊澳门团体非常注意以上三个要素在自身治理体系中的表现。

二 巴哈伊团体的权力和权威

传统上，权力和权威是结合在一起的，并受到个人——国王、皇帝、总统、神父、领导、老板等——的控制。权力与权威掌握于个人的情况在澳门也是一样的。在这个 58 万人口[①]的小城，活跃着5000 多个社团[②]。它们都有特定的做法和规范，其架构具同一的模式——编制为理事长或会长形式。身为理事长或会长，除了在决策时有决定权，其职位也是社会身份的象征。换言之，这些个人掌握着权力，同时扮演着权威的角色。这在澳门的社会环境中是受到认同的，是澳门社团文化的规范。

而在巴哈伊团体，权威和权力是分开的。巴哈伊机构的个体成员不拥有权力，也不行使权威，权力属于机构。巴哈伊认为权力是以被治理者的服从为基础的。对权力的服从可以通过暴力或暴力威胁、欺骗或操纵来实现，也可以通过对权威的自愿服从来实现。在巴哈伊团体中，服从是以个体对机构的自愿顺从为基础的。

1. 加入团体的基础

加入巴哈伊团体的自愿行为，源于认识并接受巴哈欧拉的灵性权威以及祂所创造的机构和程序。自称巴哈伊的人应当为巴哈伊教义的圣美而狂喜，应当被巴哈欧拉的爱所触动。"他无需知晓有关信仰的所有证据、历史、律法和原则，但在表明自己是信仰者的同时，除了迸发信仰激情，还必须对信仰的中心人物、须遵守和服从

[①] 数据按澳门普查暨统计局 2012 年第三季人口统计结果。
[②] 数据按澳门普查暨统计局 2012 年 11 月 8 日止之资料。

的律法与教务管理方面有基本的了解。"① 加入巴哈伊团体时，个人
应同意在自己的能力和理解范围内尽可能地遵守巴哈欧拉的律法、
准则和训诫，以及巴哈伊机构的指引。这是他们被团体接纳的基
础，而且构成了巴哈伊团体治理的基础。个人在进行了一段时间的
自由探索之后，作出加入巴哈伊团体的决定。决定加入巴哈伊团体
是植根于理解和信服的。如果这种理解或信服有所改变，个人可以
随时离开团体。

2. 权威中心

每个成员都要接受巴哈欧拉指定的权威继承人。巴哈欧拉在离
世前以书面形式明确指定袍的儿子阿博都－巴哈为社团的核心权
威。同样，后者又将这一权威传给了圣护和世界正义院。在守基 ·
阿芬第去世后，没有人满足阿博都－巴哈指定的权威继承人的要
求。巴哈伊团体只剩下一个最高的世界权威——世界正义院。

3. 原始经文

在原始经文的可靠性方面，巴哈伊团体有一些明显的优势。因
为所有原始经文都以书面形式保存了下来。原始经文都多以波斯语
或阿拉伯语写成。现有的绝大多数译本都译自圣护的英译本。目
前，翻译的流程由世界正义院监督。所有的权威出版物都要与原始
经文细心比照。经文的翻译以本地语言为主，在澳门，便是用中
文。巴哈伊澳门总会负责策划所有中文翻译项目，而澳门新纪元国
际出版社承担了中文翻译工作。为了确保翻译的准确性，还设立了
审议委员会和译名标准化委员会。

如果在原始经文中没有找到相关议题的论述，那么任何想法或
理解都会被视为个人见解，而无权威价值。人们只应接受权威来

---

① 世界正义院：《传扬圣道》，澳门新纪元国际出版社，2009，第二单元，第五课。

源，切忌宣扬个人观点。这样一来，巴哈伊团体内的任何个人都不可能成为拥有个人权力的"权威"。这一原则受到了所有个人和机构的小心捍卫。

4. 选举机构

巴哈伊选举过程中没有候选人，不允许竞选活动，不能讨论个人的优缺点。不允许派系活动、利益集体和游说，整个投票过程是保密的，结果按照简单多数原则决定。这样一来，选举者便有了最大程度的自由，可以在不受压力和影响的情况下，选择他们认为最有资格服务的人。

任何人都不能影响选举的结果，不能预测他们是否能当选或连任，因此机构的职位就不能成为职业。更重要的是，机构成员是没有报酬的。如果机构的职务使该成员无法继续原有职业，那么他们会得到适度的经济支持。这时，如果他们感觉这将给自己或家人带来过重的经济负担，他们也可以辞而不就。

如前文所述，权威是由机构掌握的，而不在个人手中。在巴哈伊体系中，个人没有特别的权威，不能自行做决策。只有机构可以在正式召开的会议上做决策。机构中不存在反对派。一旦决策做出，所有成员都要全力支持，即使在制定决策的过程中他们曾表达过反对意见。

5. 委任机构

在巴哈伊治理体系中，有一个由"世界正义院"委任的机构——洲级顾问团。它的成员是按照他们表现出的成熟度和公认的能力而被委任的。作为指导者和顾问，这些人服务于选举产生的机构和团体成员。他们没有做出决策或执行个人意愿的权威。他们受到召唤，来"传播神圣芳香，启迪人们的灵魂，促进学习，改善所有人的品行，在任何时候及任何情况下都保持圣洁，超脱于尘世事物。他们须通过自己的言行举止彰显对上帝的敬畏。"①

洲级顾问大多在国家层面工作，并委任辅助团成员在区域内协助他们。辅助团成员也会指定一些助理，后者自愿用自己的才能来激励那些参与到特定活动中的人。例如，一位辅助团成员可能会请一位博学多才、经验丰富的人，来协助那些开设儿童班或少年赋能小组的人。

与选举机构的情况一样，被委任者不能将委任作为职业，也不领取薪酬。他们按五年一任接受任命，五年结束后可以重新得到任命。在本人的要求下，或者在任命机构的决定下，他们可以随时被解除委任。他们也不具备权威。他们常常会因为自己的学识和服务而赢得团体的尊敬，但他们只能提供建议、意见和协助，任何时候都要服从于选举机构的权威。

三　指引、教育和实践是维护廉正的重要基石

1. 学习的文化

培养学习的文化，对团体的成长和发展至关重要。如何推崇学习的文化，把学习的热情和目的从文凭学历扩展至为满足社会各个方面的需求作准备，这是巴哈伊澳门团体在当地积极努力的一个方面。同时，巴哈伊团体清楚，从传统的体系以及与之相关的态度转换到一个新的普适体系是需要一段过渡期的。因此，所有的团体成员都受到鼓励去培养一种学习的文化，这种文化需要人们具备开明

---

① 阿博都－巴哈:《阿博都－巴哈遗嘱》，第 12 ~ 13 页，转引自《荣耀圣约》（第一单元，未刊稿），第 77 页。

的态度、一定的灵活度、对承受错误的能力、对人对己的耐心。

在学习的文化中，巴哈伊摸索出一种将巴哈伊概念和原则应用于社会现实的科学的方法，即行动—反思—再行动。在团体层面上，这是一个集体性的反思过程。地方和地区层面的反思和学习，在国家、大洲和国际层面上得到汇集和分析，直至找出其中的模式和普适的结论。然后这些模式和结论又会与地区和地方的团体去分享。许多机构和个体都参与到了在实际应用中对巴哈伊教义的收集、分析和检验之中。澳门的巴哈伊团体在这一学习的文化和行动—反思—再行动的方法的实践中，获得了良好的收效。

为了系统推进学习的文化，巴哈伊澳门总灵理会依照世界正义院的指引，为澳门的儿童、少年和成人准备了合适的研习课程。团体鼓励所有巴哈伊参与学习，并且努力完成整套课程。这样的研习能使个人更好地理解一些基本的事实，例如人生的目的等。其目标是让每个人与巴哈伊圣道之间产生一种极其强大的、充满爱的关系，以至于罪恶的想法本身便成了最大的惩罚。这种爱带来了向善的动力唯恐辱没巴哈伊圣道的戒惧心，也被证明是防止不当行为最强有力的威慑。无论管理程序、法律保护措施多么重要，它们都不能给个人和机构行为带来持久的改变。维护廉正性和避免腐败最终要以个人与巴哈欧拉圣道之间的爱的联系为基础。

研习课程第一册书的第一页是："纯洁与良好的行为、可嘉与适当的操守能够促进世界的改善。"这句话概括了巴哈伊宗教生活的框架：将个人的成长与进步与为改善社会做出贡献的社会责任结合在了一起。

研习课程由巴哈伊机构设计编写，建立在巴哈欧拉教义的基础之上，从诸多方面来讲都是目前最为有效的一种方法。它可以帮助个人获得对新信仰全面的初步认识；开始培养自己的能力，让他们能够积极地参与旨在促进巴哈伊信仰和社会全面进步的核心程序和活动；积极参与自身教育和自身进步的过程。作为一名积极参与者，个人得到鼓励去探究浩瀚的巴哈伊教义。其整体的效果是，个人有了强烈的投入感和主人翁意识，这就避免了冷漠感的产生。普通大众的警惕对保持廉正性和纯洁性是至关重要的。一旦这一功能由于冷漠而变得缄默时，通往腐败和价值腐蚀的大门就打开了。

纵观澳门历史，社会的稳定历来依赖人际关系的"和睦"。普遍认为社团的发展是否理想，在很大程度上取决于关系的多寡和疏密。换言之，团体靠人际关系来维系，而非靠其服务精神和对社会的贡献。因而有人将人际关系和睦、澳门经济发达及居民追求精神生活并列为澳门社团兴盛的三大要素①。如今，这种观念无可避免地受到了冲击。人们开始思考：在多种文化以及社会环境的变迁所带来的影响下，澳门的社团，仅依靠关系，如何维系及发展？巴哈伊认为，真正促进社会稳定的必要因素是每个人的灵性进步。个人如能逐渐向着一种新的生活方式和一种新的存在状态前进，便会越来越多地对一套不同的激励因素——美的吸引、知识的吸引和对卓越的追求——做出回应。因此，衡量个人和集体行动的成败不能只是依照物质和经济的标准，更不能以世俗人际关系的多寡为重，却要依照灵性标准及其社会行动的实效性。例如，是否能对多元化的团结、平等和正义、两性平等、诚信和道德领导力以及对独立探求真理做出贡献。

2. 参与选举

巴哈伊治理机构在圣著中被清楚地确定了下来，从这一点上

---

① 悦鸣：《澳门携手创真和谐》，《澳门日报》2012 年 10 月 24 日。

讲，它们是独一无二的。选择机构成员的程序非常重要，同时也十分简单。从根本上讲，团体的每个成年人都有选举权和被选举权，也都有权利、有责任参与这个过程。在为这一责任做准备以及执行这一责任时，每个人表现出的关心和警惕是巴哈伊生活中不可缺少的一部分，并且被视为一项神圣的义务。

巴哈伊选举中的投票是自由和保密的，即使最亲密的亲属和朋友也不能在一起商议他们的选择。无论出于什么原因，个人宣传自己或他人是不能被接受的。任何这样的企图都很容易被发现，随后大家便会采取适当的措施予以纠正。投票人要考虑如下品质："无可置疑的忠诚、无私奉献、训练有素的头脑、公认的能力和成熟的经验"[1]，再按照自己良知的呼唤做出自由的选择。最后每个人都会坦诚地接受选举结果的权威性。

与其他团体不同，巴哈伊澳门团体完全按照巴哈伊教义的原则进行选举。巴哈伊选举流程，把最大限度的选择自由赋予了全体选民。入选巴哈伊治理机构并非基于个人的野心、人际关系、身份背景或是财力，而是基于公认的能力、成熟的经验和对服务的投入。巴哈伊体系不允许个人独断专行或个人领导，它不能被用作通向权力、名望或财富的途径。因而，选举活动不但是巴哈伊澳门团体的盛事，也是团体每个成员审视个人和集体灵性状态的一个重要阶段。

团体成员应如何看待传统治理能力的象征，如学历、财富或地位？如何考虑一些灵性上的象征，如无私的奉献和无可置疑的忠诚？要对合法参选者的品质和能力做出不受妨碍的公正分析，是需要一些技能的。随着个人逐渐成熟，他们这方面的技能也会得到提高。

---

① Shoghi Effendi, *Bahá'í Administration*, Wilmette, Baha'i Publishing Trust, p. 88.

要了解彼此，人们无疑需要时间和交流。随着团体逐渐走向成熟，私人之间的联络和交流机会也会大大增加。这些机会包括许多面向全体的核心活动，以及定期的小组和团体磋商。服务行动需要人们具备奉献、牺牲、勤勉和许多其他品质，当我们与他人一起参与到这些行动中时，判断别人的品质是很容易的。同样还是在地方、地区和国家层面的活动中，在磋商、分析、计划和实践中，人们可以认识更多的人，并对他们的成熟度和经验变得十分了解。

选举——特别是年度选举——给了团体一个很好的机会，它可以借此来补救机构成员的作为或不作为中的任何不足和缺陷。这样一来，就确立了一个非常安全的方法，巴哈伊机构成员的品质会因此而不断提高和改进。然而，在任何情况下，机构的品质都不等同于其成员的个人品质。

这一选举程序消除了造成腐败的一个主要原因：个人的野心、以自我为中心、对权力和名望的欲望。

3. 机构成员必备的品质和能力

在灵理会中，任何人都不能提名自己或他人为候选人，也不能试图以任何方式影响或操纵选举程序。因此任何人都不能以担任机构成员为职业。机构成员是通过选举过程产生的，这个过程看重的是正直和无私的品质以及能力和经验。

人们总是不断受到提醒，即机构的成员身份应被视为服务的机会，而非获得个人利益、名望和权力的机会。成员的自我实现并非来自物质的回报或权力，而来自"制定新的措施确保民众进步"，来自体验到"执法的快乐"，来自"畅饮良知和诚意之泉"。最后，公仆的"幸福和伟大、等级和地位、快乐和安宁"绝非由其"财富所致,而是源于其卓越品格、坚强意志、博学多识及排忧解难之能力"①。

有公信力杜绝了腐败的机构与个人的道德和灵性发展过程有紧密的关系。巴哈欧拉证实道:"只要一个人的本性屈从于邪恶的情感,犯罪和违背道德的行径便会盛行。"②因此,创造一个没有腐败的环境就取决于培养个人、团体和社会机构的道德能力。其中包括:诚实地履行职务;与自己的低级情感和以自我为中心的倾向对抗;在摈弃自我的前提下评估自己的能力和弱点。

这样的能力包含了一套态度、品质、理解、技能和习惯。灵性的进步也就意味着获得这些要素和能力。培养这样的能力与个人心中对人生目的的理解有密切关系,并且成为他们为提高自己的灵性所付出的毕生努力的一部分。这又把我们带回了被称为研习课程的教育过程。研习课程不仅能帮助个人理解巴哈伊概念和原则并将其应用于自己的生活,还能帮助他们将这些概念和原则应用于团体生活的制度和程序。

有了上述的教育课程,巴哈伊团体的所有成员便不断被鼓励提升自己的灵性。巴哈伊澳门团体的全体成员也是如此。随着个人在指定的方向上不断成熟,他们将越来越能够正直地履行作为个体和治理机构成员的责任。

4. 资金管理

任何团体的进步都需要物质资源。如何创造和管理这些资源,会对治理机构的廉正性带来巨大影响。巴哈伊团体的发展、活动以

---

① 阿博都－巴哈:《神圣文明的隐秘》,转引自《携程共勉》,澳门新纪元国际出版社,2009,第6页。

② Bahá'u'lláh, *Tablets of Bahá'u'lláh*, p. 70.

及成员的福祉需要资金，这些资金只能来自团体本身。捐赠是一种特权和责任，但捐赠的数额和频率是完全自愿的，任何形式的强制都是不允许的。每个人都应用捐赠所代表的牺牲来衡量其价值，而不是其货币价值。因此，作为一个原则问题，捐赠数额是保密的。

资金会得到悉心的管理，因为捐赠是信徒对巴哈伊圣道之爱的象征，代表了个人和家庭做出的牺牲。出于相同的原因，整个团体要对任何浪费或管理不当的现象保持高度的警惕和敏感。资金的管理要采取最好的方法。精确和透明是两个需要铭记在心的目标。以澳门团体为例，三个地方分会（澳门半岛、氹仔、路环）需要向团体及上级管理机构——巴哈伊澳门总会提供定期的财务报告。如上所述，由于个人的责任感和主人翁意识得到了加强，这些报告会得到仔细的审查。个人会主动关心团体资源的管理，并竭力防止浪费或不合法的开支。

捐赠的用途通常是由机构来决定的。不过，个人可以指定其捐赠由某一特定机构专门使用，或用于某一特定目的。如果捐赠人明确了捐赠目的，那么机构可以自由决定接受还是拒绝捐赠，依据是自己是否愿意完成捐赠人的指定目的。个人或群体不能强迫机构来执行一个特定的项目或目标。

有时，机构会从捐赠中拿出一部分，用在与巴哈伊团体及其活动的直接发展完全没有关系，但对整个社会有利的行动或项目上，例如救灾、教育、农业或医疗项目，或是为志向一致、寻求社会和经济发展的其他机构提供支持。在这样的情况下，非巴哈伊的个人或实体的捐赠是可以接受的，并专门用于捐赠者所指定的目的。但是，管理方法、监督机构的警惕以及团体的意识是保持不变的。

5. 磋商

巴哈伊信徒赋予了集体决策以极大的重要性。决策的制定要通过一个独特的磋商过程。所有的机构都要进行磋商，全体成员出席的团体大会也是如此。

在磋商之前，每一位个体成员都要采取一种寻求真理的态度，超越自己特定的利益、喜好和欲望，以此来为磋商做好准备。这种准备包括调整自己的态度，即不仅要清楚地表达自己的想法，还要仔细聆听他人的讲话，同时考虑整个团体的福祉，让自己从个人的偏见、利益和喜好中超脱出来。"对他们来说，共同磋商的基本条件是：纯洁的动机，焕发的精神，除上帝之外对别的一切所持的超然态度，为祂的神圣芳香所吸引，在祂所钟爱的人们中表现谦卑恭顺，在困难条件下坚韧不拔与长期忍耐的精神，以及作祂那崇高门槛边的忠实奴仆。"①

磋商要以收集所有相关信息为开始。参与者随后要自由、坦率地交换他们的观点和想法，为的是共同探寻某一事宜的真理，为任何需要采取的行动制定一个最为合理的程序。如果没有形成一致意见，那么最终的决策要按照多数票原则来做出。之后，磋商过程会要求所有成员完全接受并支持这一决策。在经过了全面的讨论之后，如有任何个人仍然觉得结果是不合适的，则可以向更高的治理机构表达自己的观点（这是被鼓励的）。与此同时，他们仍须完全支持已经做出的决策。最终，如有必要，所有的决策都可以由世界正义院进行审视。

> 其中的成员必须以这样的方式共同磋商，以致任何情况下都不会产生猜忌与冲突。只要每个成员完全自由地表达自己的意见并陈述自己的理由，就能够达到这个目的。如果任何人反

---

① 《阿博都－巴哈著作选集》，曾佑昌译，澳门新纪元国际出版社，2004，第78页。

对，他绝对不会觉得受到了伤害，因为充分讨论问题之后才能揭示正确的方向。只有经过不同意见的撞击之后才会擦出闪光的真理火花。如果经过讨论之后，能一致做出决定那再好没有；但是，如果主没让这样的事情发生，则必然会产生意见分歧，那就按大多数人的意见办。①

这样一来，任何个人都不能操纵或控制机构。决策是基于慎重的考虑和多数人的意见，而不是基于任何受自私自利或自我主义驱使的个人的专断权威。

6. 个人活动

在参与、协助教育和奉献活动的过程中，个人诚实地开展工作的能力和决心得到了进一步的加强。巴哈伊懂得自我改善唯有通过服务活动才能完成。服务社会最为有效的方法就是发挥每个个体的潜能，参与到结构和程序的建立之中，而这些结构和程序是整个社会在灵性转变中所需要的。

在团体发展的过程中，有一些服务对团体建设起着至关重要的作用。巴哈伊澳门团体根据世界正义院的指引，鼓励教友参与以下活动：儿童灵性教育课程，少年赋能小组，赋予参与者服务能力的研习小组，祈祷会等。此外，鼓励所有人与亲友进行有意义的谈话，启发和激励他人等，这些也是服务概念的具体表现。每个人都可以自由地选择参与哪些活动，以及参与的程度。在我们看来，这些活动都是为了不断坚定个人的信念，并把服务的观念化为具体的举措。

---

① 《阿博都-巴哈著作选集》，曾佑昌译，澳门新纪元国际出版社，2004，第78页。

　　在整个巴哈伊世界，参与的人数以及人们参与的主要活动的数量一直都在增加。人们参与的频率和持续时间也在不断增长。每个人的参与都取决于他们的理解，以及决定他们能为这些活动留出多少时间和精力的特定生活环境。

　　在巴哈伊信徒的宗教生活中，一个必不可少的部分是参与到诸多集体磋商中，分享在研习和实践中所获得的见解，从而制定行动计划，解决团体所面对的挑战。这其中主要的参与机会之一是每19日一次的团体磋商。就澳门巴哈伊团体的实际经验而言，这种磋商加强了个人和机构之间的紧密互动，而且确保了地方层面的问题能够按照重要程度和地方团体的需求得到解决，这样一来，文化、地理和历史上的差异也就自然而然地被考虑在内了。

　　7. 矫正错误

　　巴哈伊们认为，团体的教育过程引导个人去理解他们真正的灵性本质和生命的目的，加强了他们与上帝的关系。这种基于爱的关系，使人去做巴哈欧拉悦纳的事，并打消了他们做不当之事的念头，因为他们害怕巴哈欧拉不悦，或给祂带来耻辱。我们非常清楚个人是不完美的，每个人都应付出努力使自己得到改善和进步。我们还知道，每个人都会受到社会的影响。每个人都有义务彼此鼓励，克制自己不去批评他人，不做任何形式的非议，而把注意力放在改正自己的缺点上。

　　如果个人行为损害了团体的名誉或运作，机构可能会介入，提供指引和鼓励，其中包括将个案移交给个人、家庭和社会福利方面的专家。有些情况下，机构可能会施加惩罚，例如限制个体参与团体活动。如果事态严重，则根据集体福祉高于个人福祉的原则处理。但是，在任何情况下，都不能羞辱个人。惩罚是为了阻止错误的蔓延。

四　维护团体的廉正性和纯洁性

传统上，有两种方式会使宗教团体原有的廉正性和纯洁性受到损害。首先，这主要产生在当某人获得了高于团体其他成员有关道义、政治或财务的权力的时候。他虽然出于诚意，但也许会宣扬和实施一些不正确的理解，令团体原有的纯洁性受到腐蚀。其次，信徒为了寻求权力、物质财富、社会地位及认可，同时又抵制不了它们的腐败影响，团体原有的廉正性和纯洁性就逐渐成了牺牲品。这种发展情况缓慢而不为人察觉。在有些情况下，这种腐败现象可能会牵涉到一群人。

经验告诉我们，当人屈服于个人利益的时候，腐败力量就会滋长。巴哈伊澳门团体像世界各地所有的巴哈伊团体一样，受到了多种预防机制的保护。首先，没有任何个人可以获得或者赋予自己高于团体的权威。一切权威都由机构享有。机构的选举方式能够避免个人获得左右选举结果的机会，或者把自己或他人提升至高位的机会。任何通过选举或任命获得职位的个人都会再次经历选举或任命的过程。不当行为可以导致个人随时被免职。

与之相似的是，任何人都不能以权威的形式宣扬、推广自己对巴哈伊教义的理解和阐释。唯一公认的来源，是以书面形式记录下来的大量著述，而且其真实性要得到巴哈欧拉或衪授权的阐释者的证实。所有其他的理解、评论或分析，都只被视为作者的个人观点，而无权威价值。我们鼓励个人自由表达自己的想法和观点，以及探讨他人的想法和观点，但是不允许推广个人观点。

　　同样，任何个人和群体都不可能利用资金来控制团体。所有的捐赠都是由相关的机构来接受的。捐赠的性质必须是完全自愿的，不能有任何形式的强迫。个人可以为了某一特定目的捐赠，但不能强迫机构接受捐赠，或者强迫其执行某一特定的项目和计划。

　　因此，巴哈伊团体不可能为个人所摆布，无论这个人有怎样的学术才能、个人魅力、自诩的道德优越性、财富资源以及传统地位。受到保护的巴哈伊团体，能够抵御既得利益群体（无论是知识上的、经济上的还是传统地位上的）的影响。

　　如今，巴哈伊团体稳固地遍布于全球，大多数成员对种种阐释和原则都有了更为深刻的理解，机构的能力也大大提高，因此，不可能发生篡夺权力和影响力的事件，哪怕只是尝试而已。从边远的乡村地区到城市区域，从高文盲率的地区到声名远播的大学校园，巴哈伊团体的廉正能力得到了检验和证明。巴哈伊团体的廉正性既不取决于团体的财富，也与其成员的教育程度无关。团体抵抗腐败影响的力量，在于对巴哈伊原则和程序的理解及应用。通过各级机构不同层次的制衡制度，以及最终求助于悉心保存下来的巴哈伊经文的权威，对于这些理解和应用的保护得到了保证。

　　随着团体的不断成长，它已变得成熟，且更具洞察力。追求名望、自我主义和权力等苗头一旦出现，就会变得更加明显。这种人作为个人，虽然会被团体亲切接纳，但通常都不会当选。实际上，就像人体一样，腐蚀性的力量会被自然修正或排除。寻求权力、名望或财富的个人，很少受到巴哈伊团体的吸引。如果他们受到吸引，要么修正自身，要么最终离开团体。因为他们会发现自利目标是不可能实现的。在一些极端情况下，他们也可能会遭到开除的命运。

结　论

由于治理机构的独特结构，以及运作上的流程，巴哈伊团体治理上的廉正性得到了保证。

历史上曾出现过一些严重的意欲颠覆、腐蚀或扭曲巴哈伊教义及其机构运作的企图。尽管有一些曾在小群体或小范围内引起过暂时的困惑和混乱，但即使在巴哈伊团体最不成熟、最为脆弱的阶段，所有这样的企图也都以失败而告终。即使巴哈伊社团知识准备不足，加之物质财富匮乏，这样的腐蚀力量都没能够得逞。当时的巴哈伊团体就已经充分展现了其挫败这种企图的能力。

现在，巴哈伊团体稳固地植根于世界各个国家和各种文化之中，巴哈伊澳门团体也和世界各地的巴哈伊团体一样，个人和机构的理解在迅速、系统地进步，就像一个有机体一样，团体内净化自我、抵御腐蚀的能力也在日渐增强。在巴哈伊行政体系的引领下，带着对关于人、社会以及存在本身的根本理解，全体成员不但加强努力，积极克服低级情感、自私自利和自我主义，而且为澳门社会带来更为强大的、能够抵御腐败的团体和机构。

下编

澳门宗教调研报告

——新兴宗教与民间信仰

巴哈伊教的慈善理念及其在澳门的实践

——以"巴迪基金会"为个案的研究报告

邱永辉[*]

一 研究缘起

（一）研究背景

自改革开放以来，中国大陆在宗教信仰自由方面取得了长足的进步，宗教团体的人数和规模也有了稳步地发展。随着宗教信仰自由政策的进一步落实，社会各界对于宗教信仰有了更加开明的态度，宗教的社会活动空间因此得以大大拓展，宗教发挥社会作用的方式也更加多样化。近年来的中国各大宗教团体的所作所为，印证了"宗教参与中国社会建设的空间正在扩大"的基本评估。我们预测，随着中国宗教信仰人口增加，随着经济发展而来的价值多元化和生活方式多元化，随着行政权力淡出一些非政治和非公共领域而逐步形成"小政府、大社会"局面，各宗教团体将会获得越来越多的自主权，宗教发挥社会作用的空间亦将进一步扩大。

在中国大陆的经济、政治和社会转型过程中，如何治理复杂多

---

[*] 邱永辉，中国社会科学院世界宗教研究所研究员。

样的宗教团体，促使宗教团体健康发展，以充分发挥宗教的"正功能"，既是中国大陆宗教管理部门多年思考的问题，也是学术界重要而紧迫的研究课题。在此背景下，学者们注意到，宗教服务社会的领域，首先"开放"的是宗教慈善公益事业，而政府宗教政策之"引导论"，即引导宗教与社会主义社会相适应，体现较多的也是引导宗教团体进行慈善公益活动。但与此同时，中国大陆近年的"慈善丑闻"却屡见不鲜。为此，国家宗教事务局联合国家有关各部委，于2012年出台了《关于鼓励和规范宗教界从事公益慈善活动的意见》（即国宗发〔2012〕6号）。笔者相信，宗教慈善事业在未来中国将大有作为，但在学术上对于宗教慈善问题——一种从慈善理念到慈善行动——的深入研究和深刻反思，亦十分必要。

在世界范围内，近期也出现了对于宗教慈善及其学术研究的认真反思。从2007年开始，就有学术综述的评论文章指出："日益增加的研究依然理论薄弱、结构不完整，对社会团体和价值观影响施与行为的方式以及慈善施与的社会效果缺乏关注。"[①] 在此背景下，笔者认为学术界首先需要探讨宗教慈善的理念，进而需要探讨实践其慈善理念的途径和方法，并评估其社会效果。基于上述社会背景和学术认识，本研究在梳理巴哈伊教的慈善理念及其意义的基础上，以总部设在澳门的"巴迪基金会"（以下简称巴迪）为个案，探讨这个由巴哈伊信仰激励的、以巴哈伊精神原则为指导的非营利组织，对于巴哈伊慈善理念的社会实践。

[①] René Beckers and Pamala Wiepking, "Generosity and Philanthropy: A Literature Review", Published online at http://generosityresearch.nd.edu/publications-2/. 2007. Jessica L. Collett and Christopher A. Morrissey, "The Social Psychology of Generosity: The Current State of Interdisciplinary Research," Published online at http://generosityresearch.nd.edu/publications-2/, 2007.

本报告是中国社会科学院世界宗教研究所的创新项目——"当代宗教发展态势研究"之子课题《澳门宗教报告》的成果之一。宗教团体的多元化存在状况，澳门特区多元宗教文化共存的现状和方式，展示出一种开明的立场、开阔的心胸和开放的心态，而澳门特区政府在澳门《基本法》框架下对宗教团体的良好管理经验，可以为内地正在探讨的"创新社会管理"提供有益的借鉴。与此同时，作为澳门第五大宗教的巴哈伊教，可以在宗教慈善理念和实践方面，为中国宗教团体更好地服务社会提供有益的经验。

（二）问题的提出

从希腊词源学来看，"慈善"（philanthropy）是指人类（anthropos）的爱（philo）。"Charity"来自拉丁语"caritas"，表示尊重和喜爱，是动词"关心"（to care）的词根，包括了出于善心的行动内容。中文的"慈善"结合了善良、仁慈和怜悯的观念，包括善心和善行。因此，无论中文还是英文，"慈善"都源自广义的关心、爱护、仁慈及善良的观念。这是慈善的原始的和根本的意义。

在近年有关宗教慈善的研究中，香港中文大学社会学系副教授宗树人博士（David A. Palmer）的"培养施与文化：有关宗教作用的初步思考"一文，重点关注了宗教慈善的理念问题。据该文的研究，原本是关心、爱护、仁慈及善良的观念，在当今发生了变异，其用法亦日益倾向于狭隘。如今，慈善更多地被界定为："给某一组织捐钱，使自己家庭以外的其他人受惠"[1]；或是"个人或组织的

---

[1] René Beckers and Pamala Wiepking, "Generosity and Philanthropy: A Literature Review", Published online at http://generosityresearch.nd.edu/publications-2/, 2007, p. 3.

大规模捐款"。①在这个背景下，西方学界最大量的（如果不是所有的）有关慈善的研究，集中突出的是一个链条，即"谁是捐款人"、"捐款人一共捐了多少"、"为什么捐"以及"如何让其捐更多"。②

在中国，以佛教、道教和民间信仰为代表的各大宗教，基于善心的传统善行，大多是扶贫济穷、捐衣施粥、修路架桥等，但在市场经济条件下的当代，也大多已经转变为"大规模的捐款"。不仅如此，各大宗教团体的捐款，往往还遵循"政府号召、（各级）宗教局主持、各宗教协会交钱"的模式。因此，笔者在对全国各地各类的宗教组织进行调研时看到，虽然宗教组织对现有的慈善捐款模式持有不同的看法，但慈善捐款的成绩单（捐款捐物数量）却往往十分亮丽。当下的问题是，一旦宗教组织企图按照自己的理念或拥有的特长进行一些慈善公益活动，如兴办养老院、戒毒所、学堂、医院、养生堂等，则面临一系列的法律限制和法规制约，而那些悄然建立的、名为慈善公益的机构和场所，又往往尚待法律法规和社会规约的规范。

综上，无论是在中国还是西方，源于广义的关心、爱护、仁慈及善良的慈善观念已经发生变化，即发生了从"爱人类"、"善行"变为"捐钱捐物"的语义转换和行为变化，而与此相对应的是，相关宗教慈善的成绩单（捐赠数额）却总是颇受质疑。究其原因，或慈善公益的定义不清，或捐赠动机和捐赠口径的问题，因此统计数据或重复或矛盾，因而缺乏可信性。在饱受"数字"所困的背景下，宗教慈善的学术研究从一开始就难免误入歧途。

---

① Jessica L. Collett and Christopher A. Morrissey, "The Social Psychology of Generosity: The Current State of Interdisciplinary Research," Published online at http: //generosityre-search. nd. edu/publications – 2/, 2007, p. 12.

② David Palmer, Nurturing a Culture of Giving: Preliminary Reflections on the Role of Religion.

2012 年初，当笔者设计《澳门宗教报告》研究项目，并开始收集关于巴哈伊慈善活动的一些基础资料时，求助巴哈伊教澳门总会会长江绍发先生（Prof. Kong S. H.）和巴哈伊洲际顾问团亚洲顾问罗兰博士（Dr. Lori Noguchi）。笔者很快收到两份资料，一是江会长提供的"社会行动意见书"。该意见书是由巴哈伊世界中心的社会和经济发展署于 2012 年 11 月 26 日签发的。二是罗兰女士提供的"世界正义院"1993 年发出的、致"澳门巴哈伊"的一封回信（以下简称"1993 年世界正义院致澳门回信"）[1]。可是，阅读这两份原始资料后，我对巴哈伊的慈善理念和实践问题仍然完全不得要领。十分有趣的是，从这两个文本中，不仅找不出任何关于巴哈伊团体的捐款捐物数字，甚至根本找不到"慈善"二字。

在巴哈伊信仰传播的 200 多个国家里，无论在哪个国家的总人口中，其信众都是少数，甚至极少数。据澳门政府印务局 2013 年资料，澳门总人口 55 万，有 302 家各种宗教团体在政府注册在案[2]，而巴哈伊教在澳门仅拥有约 2000 信众。巴哈伊教于 20 世纪 50 年代开始在澳门得到传播，但人数一直较少，且由于澳门地区复杂的历史变迁，澳门的巴哈伊团体先后隶属于北美巴哈伊灵理会、葡萄牙巴哈伊灵理会、香港巴哈伊灵理会等，直至 1982 年，澳门巴哈伊团体才向澳门政府注册，1989 年成立巴哈伊教澳门总会。[3]

可以理解的是，作为一种外来的、信众较少的新兴宗教，巴哈伊团体在传统的慈善公益活动中既不可能贡献大量的财力，也不可能出动大量的人力物力。因此，笔者在研究巴哈伊的宗教慈善时提

---

[1] 由于罗兰女士按规定隐去了世界正义院回信的收件人，因此不清楚是回复给巴迪基金会创始人，还是澳门地方灵理会，或澳门的某个巴哈伊信徒。

[2] 澳门政府印务局 2013 年资料：http://cn.io.gov.mo/Priv/categories/11.aspx。

[3] 郑炜明、黄启臣著《澳门宗教》，澳门基金会出版，1994，第 84 页。

出的问题是：其一，巴哈伊教有没有一种独特的慈善理念？如果有的话，其慈善理念是什么？其二，巴哈伊的慈善理念是以怎样的慈善行动表现出来的？又是如何具体实践的呢？

二 巴哈伊教的慈善理念

（一）巴哈伊的慈善理念：澳门访谈

笔者在澳门的调研共三次，分别在 2012 年 10 月、2013 年 4 月和 2013 年 10 月。2013 年 4 月 3 日下午，在澳门大学图书馆咖啡厅，笔者向江绍发会长提出巴哈伊到底有无慈善行动等一系列的问题，江会长的回答是从慈善理念开始的。

巴哈伊不鼓励传统意义上的施舍行动和狭义的慈善行为，即基于我有了、我将多余的部分给予可怜人的行为，因为那是一种高等人、上等人对低等人、下等人的态度。天下一家、人类一体、人人高贵、人即（可挖掘的）宝藏等理念，促使巴哈伊团体努力进行一系列的，以平等、尊重、赋能、共同进步为特色的广义的慈善行动，和以至善个人、改善社会和改变社会结构为目标的公益事业。

江会长还补充说：在社会和社区处于紧急状态，如遭遇类似四川汶川大地震等天灾之特别时刻，巴哈伊团体也积极响应政府号召，组织捐款捐物等，但那不是常规的社会慈善公益行动，也不是巴哈伊团体所强调的部分。

2013 年 4 月 4 日，笔者在澳门巴迪基金会办公室，访问了巴哈伊亚洲顾问、巴迪基金会董事长罗兰女士和巴迪基金会执行董事维克多·阿里先生（中文名胜利）。我提出的问题是：巴迪基金会作为巴哈伊信仰激励的机构，如何体现爱人类，即巴哈伊信仰者所理解的真正的慈善。

罗兰博士向我提供了巴迪基金会的历年的年报资料，作为对于"慈善"行动的非营利性的回答，特别介绍了"1993 年世界正义院致澳门回信"的基本精神。由于巴迪基金会的成立，对于巴迪基金会与地方灵理会的关系、对于私人性质的基金会与巴哈伊信仰的关系等问题，在当时的澳门巴哈伊团体中，在一些"概念上"产生了疑问。"1993 年世界正义院致澳门回信"正是针对"概念"进行的说明。罗兰女士在访谈中强调了对于世界正义院回信的理解，即爱人类，有善心做善行，就是慈善，也就是巴哈伊世界的"拓荒者"。

需要说明的是，在写作本报告的过程中，笔者在对巴迪基金会的项目进行考察，对各年度的年报资料进行分析的基础上，于 2014 年 3 月 27 日访问了巴迪基金会的北京代表处，采访了首席代表安小雨女士和高级运营总监周鹏先生，作为对澳门访谈的重要补充。访谈涉及多个面向，经被采访人同意，本报告将此次访谈记录作为附件。①

（二）巴哈伊的慈善理念：经典圣文

梳理巴哈伊教的经典圣文，可以找到许多关于慈善的论述。试引言如下：②

1. "善行之中，慈善为王"。"富有者若能施舍财物给待救助的人，关怀他们甚于自己，这样的富人幸运有加了。"

——《巴哈欧拉圣典选集》

---

① 该附件由周鹏记录，安小雨审定。
② 本文巴哈伊经典的圣文引言出处：http://www.chinabahaifriends.com/books－all。

2. 给慈善事业的捐助归于神迹的启示者上苍。未经祂，那启示之始源的准许，谁也无权处理这些捐助。在祂之后，这权柄传给阿格善，在阿格善之后则传给正义院——倘若到那时正义院已在世界上建立起来，以便他们将捐助用于为在服务圣道方面功绩卓著的地方谋福利，以及用于祂，那大能与威力之神吩咐他们做的任何事情。否则，捐助归于巴哈的子民，除非经祂准许，他们决不发表意见；除非以祂在本书简中所作规定为依据，他们决不作出判断——这样，他们便可按照权能者、怀恩者上苍在经书中写下的方式使用捐助，看啊，他们是天地间胜利的卫士。

——巴哈欧拉《亚格达斯经》正文 42 节

3. 乞讨是不合法的，因此禁止向乞讨者施舍。我们谕令所有人必须自食其力，不能自食其力者，上苍的代表和富人有责任为他们提供足够的生活必需品。你们要谨守上苍的规条和诫命；不仅如此，还要像保护自己的眼睛一样保护它们，切莫做遭受惨痛损失的人。

——巴哈欧拉《亚格达斯经》正文 147 节

4. 人之子啊！

将我的财富赠送我的穷人，

你就能在天堂上，

享有永恒荣耀之宝库，

享有不灭光彩之珍藏。

我用生命作证！

你若能以我的眼光确认，

更为荣耀的，

是奉上你的灵魂！

——巴哈欧拉《隐言经》上卷 57

5. 尘土之儿女啊！

把穷人在午夜的叹息告诉富人，

以免疏失将他们引入毁灭之途，

使他们失去神圣财富之树。

给予和慷慨是我的真性，

以我的美德装饰自己的人，

当蒙赐福！

——巴哈欧拉《隐言经》下卷 49

6. 通过自愿作善事，而不是通过强制人作善事，人类就可以达到完美境界。分享是个人选择的正当行动：即，富人帮助穷人。他们应把钱财花在穷人身上，但需出于自愿，而不是穷人通过暴力获得这一结果。因为暴力的后果是社会的动乱和社会秩序的彻底破坏。另一方面，由于自愿分享是自由选择拿出自己的钱财，所以能给社会带来安慰与安宁。它使世界充满阳光，给人类带来荣誉。

——摘自《阿博都–巴哈著作选集》79.3 节

7. 财富如果是通过一个人自己的努力和上帝的仁慈，在商业、农业、艺术和工业方面取得的，如果它用于慈善之目的，那么它是值得高度赞赏的。毕竟，如果一个明断而机智的人实施一些能使人民普遍富裕的措施，那么，没有什么事业会比这更伟大，它会在上帝眼中算作是最高的成就。因为这样一个施善者会满足一大批群众之所需，确保他们的舒适与幸福。假若全体人民富裕了，财富就是最值得赞赏的。如果少数人拥有过度的财富而多数人贫困不堪，如果从财富中不会产生任何收益，那么它对其拥有者来说就只能是一个负担。而如果它用于知识的发展、初级和其他学校的建立、艺术和工业的促进以及对孤儿和穷人的培训——简言之，如果它被投入到社会的福利中——它的拥有者将作为生活在地球上所有人类之中最优秀者，而突出地站在上帝与人类面前，并将被算作天堂的一员。

——摘自阿博都－巴哈《神圣文明的隐秘》

8. 显而易见，有限的物质关系不足以充分地表现博爱。但是，对全人类的伟大和无私的爱却不受这些狭隘和半自私关系的束缚。它是唯一完美的爱，人人都可以做到，不过必须借助圣灵的力量，因为任何世俗的力量都无法产生出这种博爱。让所有的人都在爱的神圣力量中团结起来吧！让所有的人努力使自己在真理的阳光下成长，把这爱的光辉反射到每一个人身上，使他们心心相印，从而永远生活在这种无限友爱的照耀之中。

只要人们努力追求精神事物，使自己的心灵更接近上帝无限的爱，就一定能从圣灵那里得到更大的力量。

如果你们爱自己的家人或同胞，这爱就必须包含上帝无限之爱的成分！信赖并为了上帝去爱吧！无论在什么地方，凡你们遇到有上帝品德的人，都应当爱他，不论他是否属于你的家庭。你们要把无限的爱的光芒照耀在你们遇到的每一个人身上，不论他们是不是属于你们的国家、你们的种族、你们的政党，或属于任何其他的国家、肤色或政治派别。只要你们努力把世界上四分五裂的民族聚集在团结的旗帜下，上天一定会帮助你们的。

——摘自阿博都－巴哈《巴黎谈话》

9. 巴哈欧拉教义的本质是博爱，因为爱包容了人类所有的美德。它使每个人一往直前。它给每个人的遗产是永生。不久，你必定能见证，祂的神圣教义，那神圣真性本身的光华将照亮世界的天空。

——摘自《阿博都－巴哈著作选集》31.15 节

10. 你们要像咆哮的大海一样大声疾呼；要像慷慨之云一样，降下天国的恩典。提高嗓门，高唱阿帕哈天界的圣歌。要扑灭战争的火焰，高举和平的旗帜，为人类大同而努力工作。要记住，宗教是通向博爱的渠道。要知道，人类的儿女们是上帝的羔羊，祂是他们慈爱的牧人。祂亲切地关心祂所有的羊儿，让它们在自己绿色的神恩草地上吃草，让它们从生命之泉中饮水。这就是主的圣道，这就是祂的恩典，这就是来自教义的关于人类大同的戒律。

——摘自《阿博都－巴哈著作选集》17.4 节

11. 如果我们是真正的巴哈伊，就不需要空言大话。我们的行动会帮助世界，传播文明，促进科学进步和艺术发展。没有行动，物质世界便一事无成；单靠言词，人也不可能取得精神进步。上帝的钦选者不是靠高谈阔论达致神圣地位的，而是通过毕生孜孜不倦的积极服务将光明带给人间的。因此，你们要努力使你们每天的行为成为美好的祈祷。你们要转向上帝，要不断尝试去做正义和崇高的事情。

133

接济贫穷者，扶起跌倒者，安慰忧伤者，医治病患者，鼓励畏惧者，解救受压者，鼓励失望者，庇护无助者！①

——摘自阿博都－巴哈《巴黎谈话》

（三）巴哈伊的慈善理念：让世界更美好

从上述巴哈伊的经典圣文的引述，可见在巴哈伊圣典中不乏对"慈善"的强调和说明，如巴哈欧拉曾说过"善行之中，慈善为王"，且早期的经典中是包含狭义和广义的慈善理念的。但是，狭义的慈善方面，如不允许乞讨、鼓励富人接济穷人等，很显然只是广义方面的一个组成部分，而且并非最重要的部分。对于巴哈伊灵体会来说，"捐赠钱款"是一个需要"适度"的问题，世界正义院曾表示："当然，灵体会可被允许向慈善机构捐赠钱款，因为关注穷困者确实是巴哈伊教义中赋予灵体会的职责，但是他们必须仔细权衡其他责任……显然，此事关智慧和适度。"②

阿博都－巴哈曾阐释说，"巴哈欧拉教义的本质是博爱，因为爱包容了人类所有的美德"。以此为基点，巴哈伊团体不断探讨经典中关于慈善的论述，阐释其更深的含义并进行与时俱进的理解。如同巴哈伊世界里其他经过重新阐释的词汇一样，"慈善"在巴哈伊语境中与世俗意义中理解和使用的方式并不相同，因此，研究巴哈伊团体对于"慈善"的当代理解具有重要意义。

第一，在巴哈伊的教义和社会行动中，"慈善"的理念并不是孤立的，慈善行动更多地渗透在生活、工作过程的方方面面。从经

---

① 译文摘自《巴黎谈话》26 篇。Abdul－Baha, Paris Talks, p. 80.
② The Universal House of Justice: From a Letter to a Local Spiritual Assembly, March 19, 1973. Lights of Guidance, p. 121.

典圣言中可以看到巴哈伊"慈善"的不同层面——慈善行动者包括个人、集体、机构等，慈善对象可以是对自身、对工作、对他人、对动物、对社区等，行善领域包括崇拜领域、教育领域、社会经济发展领域等。

第二，慈善理念体现了巴哈伊的基本精神，而慈善行动总是贯穿着巴哈伊教义中其他重要原则，并与这些原则交织在一起。无论哪个层面、哪个领域的慈善，都需要清晰明确地围绕一系列的原则和理念。这些原则包括：人类一体、宗教同源、如何看待财富和贫困、言行一致、致力于物质与精神文明的双重建设、适度、真诚、服从、抱持纯洁的动机、自觉而主动地投入为全人类的服务中去。

第三，更为重要的是，巴哈伊团体认可那些旨在"为全人类的服务"的社会经济发展行动，但强调巴哈伊所提倡的社会行动不能简单地聚焦于提供商品和服务，认为比改善条件的具体目标更为重要的，是参与者能力的提高。

巴哈伊教义在社会经济发展方面为集体行动的创新举措留有广阔的空间，可以说在深度、广度和复杂度上远远超越了传统意义上的"慈善"。社会和经济发展领域所采取的运作模式，与其他巴哈伊活动领域一样，也是在行动中学习的模式。在学习的模式下开展活动，其特征是持久的行动、反思、磋商和学习，在此过程中愿景和策略将反复受到检验。随着任务的完成、障碍的清除、资源的增加以及教训的学习，目标与方法都在做出调整。通过恰当的机构性安排，学习过程被赋予了方向，其展开方式与一个有机生命体的生长和分化极为相似。随意的变化得以避免，行动的连贯性得以保持。这些被称为"巴哈伊理念激励的社会行动"，将巴哈伊基本教义融合到不同的社会经济理念框架中去，致力于在各个社区中的每个人身上培养一种为了改善世界的共同愿景，而不断学习—磋商—行动—反思的螺旋式进步模式。①

巴哈伊鼓励个人参与其他机构组织的慈善行动，但这个层面的慈善不应率性而为，而是应有很多规约，如必须出于自愿、不得乞讨、不得带有宣传信仰的目的筹款等。这一切规约的目的，在于"防止各种形式的腐败侵蚀慈善原初的目的"。

综上，我们将巴哈伊的慈善理念归纳如下。

第一，如阿博都－巴哈曾阐释的那样，"巴哈欧拉教义的本质是博爱，因为爱包容了人类所有的美德"。巴哈伊信仰的经典里所十分强调"慈善"，正是基于"爱"的本质所产生的关心、爱护、仁慈及善良。

第二，巴哈伊的慈善理念的基点，是巴哈伊信仰的基本精神原则，包括人类一体、宗教同源、如何看待财富和贫困、言行一致、致力于物质与精神文明的双重建设、适度、真诚、服从、抱持纯洁的动机、自觉而主动地投入为全人类的服务中去等。

第三，在巴哈伊的教义中，巴哈伊的"慈善"的理念并不是将慈善作为一项孤立的事业，而更多地渗透在生活过程之中，以及生活的方方面面，特别是体现在其旨在"为全人类服务"的社会行动之中，并与教义中其他重要原则贯穿交织在一起。

第四，巴哈伊提倡的慈善理念，要求在不同的层面上围绕其精神原则进行。在社会经济发展方面，其教义为集体行动的创新举措保留了广阔的空间，使得其慈善理念和实践在深度、广度和复杂程

---

① 以上论述，参见由巴哈伊国际社团社会与经济发展办公室（Office of Social and Economic Development）撰写的《让世界更加美好——全球巴哈伊社团的社会与经济发展活动》（For the Betterment of the World）。

度上，均远远超越了传统意义上的"慈善"。

三　巴哈伊慈善理念的实践——以"巴迪项目"为考察中心

（一）巴迪基金会

1. 慈善理念与社会行动的连接

早在1942年，在关于如何帮助穷人的问题上，巴哈伊教的"圣护"——守基·阿芬蒂就明确提出意见："关于你问的帮助穷人的问题：巴哈伊绝对不应在帮助贫穷者的慈善方面有所保留，只要他们有能力且愿意这么做。然而，对于此事，就像其他许多事一样，他们应当适度。我们能够给予穷人和被蹂躏者的最大的礼物，就是帮助他们建立神圣制度，如同今日这些由巴哈欧拉发起的制度，这种世界秩序一旦确立，就会消除今日困扰这些穷人的致贫原因和不公正现象。"①

可见，在守基·阿芬蒂看来，帮助穷人是全心全意的，是不能有所保留的，但帮助穷人应当分为两个方面，有限的方面是巴哈伊团体进行的狭义的慈善行动，而无限的、最重要的和最根本的方面，是消除困扰穷人的"致贫原因和不公正现象"。为此，巴哈伊团体明确表示反对"索要钱财"进行慈善活动。1973年，世界正义院指示地方灵理会："巴哈伊信徒无论以何种目的以信仰之名向非巴哈伊索要钱财都是不恰当的。如果一个非巴哈伊坚持要捐献金钱，那么在他清楚理解了钱款将仅仅用于慈善目的之后可以接受这笔捐献，但应当劝阻而非鼓励这种捐献。"②

---

① From a Letter Written on Behalf of Shoghi Effendi to an individual Believer, March 11, 1942. Lights of Guidance, p. 124.

② The Universal House of Justice: From a Letter to a Local Spiritual Assembly, March 19, 1973. Lights of Guidance, p. 121.

在 20 世纪 70 ~ 80 年代，巴哈伊团体中的先行者已经在世界各地，特别是南美洲、非洲的经济欠发达地区，探索按照巴哈伊教义和精神原则实施一些"发展项目"，并开始建构独特的"发展话语"①。与此同时，世界正义院也不断提醒巴哈伊团体："我们不得放任自己忘却几百万人类不断在令人惊恐的苦难中沉吟的事实，他们几个世纪以来一直背负着这种负担，消除它最终成了巴哈欧拉使命所在。所有人随处都可看到这种苦难的存在，其主要原因是人类道德的腐败以及无处不在的偏见、怀疑、仇恨、失信、自私和暴虐。人们需要的不仅仅是物质福利。他们迫切需要的是知道如何度过一生：他们需要知道他们是谁，为何目的而存在，应当如何对待彼此；一旦他们知道这些问题的答案，他们就需要得到帮助，从而渐渐地运用这些答案到每天的生活习惯中去。我们应当把大部分的精力和资源引向为这个人类基本问题找到解决方案上去。"②

进入 21 世纪，巴哈伊团体在世界各地发起的旨在"消除致贫的原因和不公正的现象"的"社会行动"日臻成熟。对于"社会行动"的范围，世界正义院作了这样的定义："社会行动应该是包罗万象的，既可以包括由个人或一群朋友们开展的非正式和短期的活动，也可以包括受巴哈伊原则启发的机构（Bahá'í – inspired organizations）所开展的更为复杂和高难度的社会经济发展项目。无论其规模和范围如何，所有的社会行动都在寻求把信仰的教义和原则应用到实践中，从而提高人民的社会和经济生活，不管其效果是多么微不足道。"③ 巴迪基金会即是巴哈伊教遍布全球的"受巴哈伊原则启发的机构"之一。

---

① 邱永辉：《巴哈伊的发展话语建构初探》，《世界宗教文化》2011 年第 2 期。
② From a Letter Written on Behalf of the Universal House of Justice to the National Spiritual Assembly of Italy, November 19, 1974. Lights of Guidance, p. 122.
③ 2010 年的里兹万文告。

2. 巴迪基金会

巴迪基金会是一个由巴哈伊信仰激励的、受巴哈伊原则启发的、非营利的非政府机构，1990 年在澳门登记注册，其总部办公室设在澳门氹仔米尼奥街"联国学校"内。

巴迪基金会 1997 年在中国国家工商行政管理总局注册，设立北京代表处，其办公室设在北京市朝阳区酒仙桥路 2 号 01 商务楼北楼（798 艺术区院内），由安小雨女士任首席代表。目前在代表处的工作人员有约 14 人。

2-1　基金会的机构设置

在巴迪基金会澳门总部，罗兰博士任基金会总裁，维克多·阿里任执行理事。

巴迪基金会董事会由 5 人组成，包括比赞·法里德先生（Mr. Bijan Farid）、谢德瓦什·法里德夫人（Mrs. Sheedvash Farid）、麦泰伦先生（Mr. Tarrant Matthew Mohony）、罗兰博士（Dr. Lori M. Noguchi）和沙罗兹·特贾拉提先生（Mr. Shahrooz Tedjarati）。

巴迪基金会理事会由 5 人组成，包括维克多·阿里（Mr. Victor Ali，中文名胜利）、安小雨女士（Mrs. Shareen Farhad）、维韦克·奈尔先生（Mr. Vivek Nair）、罗兰博士（Dr. Lori Noguchi）和张宝玲女士（Ms. Poh leng Teo）

2-2　基金会宗旨

据该基金会 2009 年的表述："巴迪基金会的重点是服务于中国人民和政府。在国家外国专家局的指导下，巴迪基金会与 28 个中国国家、省级和地方政府机构及一些学术机构和具有共同远见的机构开展了愉快有益的合作。"[①] 其服务项目主要在澳门特别行政区和中

---

① 巴迪基金会：《中国项目 2009 年报》，第 18 页。

国大陆展开。

到 2011 年，巴迪基金会的宗旨则表述为："致力于在中国释放个人和机构的潜能来推动社区的发展。基金会主要促进基层社会组织的创立，并协助他们与地方政府和农村社区合作，设计开展针对农村妇女和青少年的教育培训项目，在这一过程中释放他们的潜能。"[1]

到 2012 年，巴迪基金会将自己的宗旨表述为"致力于在中国释放个人、机构和社区的潜能以推动社会的平衡发展"。[2]

2-3　基金会工作的指导原则

巴迪基金会将自己的工作指导原则表述为以下四项：

第一，人具有高贵性并拥有巨大潜能，是社区平衡发展的宝贵资源；

第二，通过以能力建设为主导的教育和培训，可以释放人的巨大潜能；

第三，以可持续发展和社区需要为目标，通过个人和机构的能力建设，以及二者之间的和谐互动，以推动当地社区的进步；

第四，平衡发展要求关注物质和精神维度的共同进步。[3]

2-4　巴迪基金会的工作领域

巴迪基金会最初设定自己的工作领域为农村发展和正规教育。正规教育是指通过旨在提升学校的机构能力，以促进学生智力和道德的全面发展。农村发展领域的工作重点则在以下三项：其一，提高基层社会组织的机构能力，以支持政府的优先事务，为当地社区

---

① 巴迪基金会：《2011 年报》，第 4 页。
② 巴迪基金会：《2012 年报》，第 4 页。
③ 巴迪基金会：《2011 年报》，第 4 页。

的和谐繁荣做出贡献；其二，提升 12～15 岁青少年的道德能力和英语表达能力；其三，提升农村妇女的能力以使她们能够主动为自己的社区的可持续发展做出贡献。①

从 2012 年起，巴迪将自己的工作领域表述为以下三项：其一，机构能力建设，在乡村和城郊地区协助建立基层社区组织，并提升它们的机构能力，以便在当地有效地展开社会和经济发展项目；其二，与具有相同理念的国家政府机构和民间组织开展有意义的合作，并就"民间组织参与发展""提升农村人群的自我发展能力"、"社会管理创新"等相关主题进行对话和交流；其三，通过澳门的联国学校和道德赋能项目，在为学生提供人文和科学教育的同时，也发展他们的道德能力，并引导他们在社区开展服务。②

2-5　基金会的巴哈伊性质

根据"1993 年世界正义院致澳门回信"，世界正义院早就注意到，许多国家和地区的法律允许建立遵章守法并享受一定优惠的非营利性机构，现在全世界越来越多的巴哈伊信仰者都在利用这种可能性，建立献身于巴哈欧拉教义的应用组织，分析并解决重要的社会和经济问题。正义院渴望看到在巴哈伊世界中这一现象日益增长的……，期待他们遵照巴哈伊的道德和精神原则行事。

在回答"从事社会经济发展的私营机构是不是巴哈伊的"这一问题时，世界正义院认为：不能简单地用"是"或"不是"来回答。显然，他们有他们自己的管理架构这一事实，将他们归入了一个不同的类别，即不同于由巴哈伊机构管理的项目和组织。从这个

---

① 巴迪基金会：《2011 年报》，第 4 页。
② 巴迪基金会：《2012 年报》，第 4 页。

意义上说他们不是巴哈伊的企业。在另一层意义上，他们自认为并接受巴哈伊指导，致力于应用教义并为事业理想（the Cause）服务，因此他们的确应当被认作巴哈伊的。关于这一类组织，我们必须避免给予压力，不要让他们觉得从事他们的项目就不是正统地服务于巴哈伊事业。否则，真诚而忠心的信仰者，因为从事本质上正是巴哈伊事业的行动，反而得不到鼓励。

第二个问题是"基金会"是否被认可为巴哈伊信仰的拓荒者身份。从原则上说，任何一个信仰者，只要他行动起来，为了理想而离开家乡，他就是一个拓荒者。而在他的接收国从事一种特别的行动或项目，不会影响他的拓荒者身份。

因此，巴迪基金会是一个巴哈伊信仰激励的非营利组织，其精神原则完全是巴哈伊信仰的。按照世界正义院给予的解释，如果基金会按照巴哈伊的精神原则从事服务社会，就是传播巴哈伊信仰的"拓荒者"。基金会与当地巴哈伊灵理会的关系是，基金会接受地方灵理会的指导，地方灵理会只有在三种情况下才对基金会进行"干预"，即基金会的朋友们出现困难、基金会的行动有损信仰的好名声、基金会错误地表述其与信仰的关系。①

（二）"巴迪基金会"在澳门的项目

基金会在澳门开展的项目主要有两个，即联国学校和青少年赋能项目。

1. 联国学校

联国学校是巴迪基金会在澳门创立一个国际学校，于 1988 年建

---

① A Letter of the Universal House of Justice to the Spiritual Assembly of the Baha' is' in Macao, 2 September 1993.

立, 旨在满足澳门的教育需求。学校的使命是以整合方式促进学生在德、智、体的全面发展, 为中国大陆和澳门地区的协调发展做出贡献。

联国学校的课程设置特色, 一是采取国际认可的教学课程, 如国际学士文凭课程 (InternationalBaccalautrate Diploma Program) 和国际中学普通教育文凭 (International General Certificate of Secondary Education); 二是具有创新性的学生品格发展课程, 包括针对幼儿教育的 "隐藏之宝藏" 课程 (Hidden Gems Curriculum) 和针对青少年赋能项目课程以及 "准备社会行动" (Preparation for Social Action) 项目课程。这两部分课程的结合, 创造出一个立足世界和服务社会的整体教学体系, 其创新课程部分, 特别注重培养学生作为社区福祉促进者的能力。

自 2008 年联国学校凼仔校舍落成, 招生规模逐年扩大, 至 2012 年, 联国学校的学生增加到 470 人。

2. 青少年赋能项目

巴迪基金会的澳门青少年赋能项目的宗旨, 是鼓励青少年成为他们当地社区协调发展的积极者。为实现这一目标, 该项目与当地机构的合作进行, 合作方包括澳门培道中学、坊众学校、劳工子弟中学和培华中学等四所学校, 也有澳门教育暨青年事务局, 还有澳门大学 (研讨会)。2012 年, 参与巴迪基金会在澳门开展的道德赋能项目的青少年达 379 人。

联国学校的青少年赋能项目始于 2007 年 8 月。近年来, 该校在开拓青少年赋能项目方面取得了长足的进步。其校外的合作者也从 2007 年的 40 名, 增加到 2009 年的 200 多名。笔者参访该校时, 从校园文化建设到学生的社区设计, 均可发现这些项目对学生的良好影响。赋能项目开展后，学校将图书馆、体育馆等提供给澳门许多社区使用，而学生也组织了社区清洁项目、拜访老人、为灾民募捐等。此外，联国学校还与广东省的姊妹学校开展合作，互访交流，共同探讨品格发展课程的课堂学习和社会活动相结合，以最大限度地释放学生为推动社会进步做出贡献的潜能。

（三）"巴迪基金会"北京代表处的项目

巴迪基金会虽然是在澳门注册的机构，但自1997年在北京注册代表处以后，其在中国大陆的项目逐渐增多，进展顺利且发展迅速，大陆项目已经成为该基金会的工作重点。

1. 在大陆的项目

按照巴迪基金会的项目分类，目前其在中国大陆主要有以下四类项目：机构能力建设项目、青少年赋能项目、环境建设项目和政府与公民社会合作项目。其中机构能力建设项目是"核心项目"。"该项目旨在中国创建基层社区组织，通过一系列的培训和持续地陪伴来建设他们的机构能力，使其有效地在当地执行社会和经济发展项目。"[1]

2012年，巴迪基金会在大陆实施的项目——"释放个人和机构潜能　推动贫困社区发展"，被国务院扶贫办公室评为"全国社会扶贫创新案例"，成为中国社会组织扶贫的优秀个案。[2]

2. 项目分布和受益人

至2012年，巴迪基金会在大陆的机构能力建设项目中，在甘

---

[1] 巴迪基金会：《2012年报》，第7页。

[2] 见国务院扶贫办编《中国社会扶贫创新行动优秀案例集2012》，中共中央党校出版社，第314~334页。

肃、宁夏、陕西、云南、四川、湖南、河北、广东、山西等 9 个省（区）的 22 个基层社区组织和项目小组开展能力建设。其支持的 15 个基层社区组织和项目小组与 41 个地方学校或社区展开青少年道德赋能与英语教育项目，有 3395 名参加者从中受惠。截至 2012 年，共计有 15069 名青少年参与到这个项目中。其支持的 7 个基层社区组织和项目小组与 10 个当地政府机构合作，在 15 个社区执行环境建设项目，有超过 2047 名参加者从中受惠。截至目前，共计有 6539 人参与到这些组织和小组开展的项目中。

自 2005 年开始，机构能力建设项目已经使 21608 名乡村居民从中受益。

3. 项目基本模式

巴迪基金会的机构能力建设项目的基本模式，是通过识别出那些居住在中国城市或农村的个人，经过基金会提供一系列的学习和实习后，获得种子基金在他们自己的家乡成立致力于社区物质和精神平衡发展的基层社区组织。

在这个模式下，被巴迪基金会"识别"的个人，需要学习和培养 7 种能力，即为社会行动构建一个持续发展的概念框架、解读社会现实并形成愿景、将愿景转化为项目、以学习的方式执行项目、培植和配置人力资源、发展和管理财务资源，以及建立和保持政府与公民社会的关系。①

此外，自巴迪基金会成立以来，一直寻求对外合作。目前，该基金会与国务院扶贫办外资管理中心签署了战略合作框架协议，与中国国际民间组织合作促进会开展能力建设项目，与清华大学开展学习和反思的交流对话，巴迪工作人员还出席国际国内的各种会议

---

① 巴迪基金会：《2012 年报》，第 20 页。

和论坛，发表演讲和分享经验。

四　反思巴哈伊的慈善理念及其实践

（一）巴迪基金会项目的多层分析

1. 社会化运作模式

巴迪基金会是一个合法登记注册、依法管理和运作的非营利性非政府机构，其每年的年度财务审计和报告，详细罗列了赞助资金、募集资金情况和各项支出细目。据该基金会 2009 年的年报，在 2009 年及前几年给予巴迪基金会支持的机构和个人有：eONE 全球、美国斐格律师事务所、美国新时代国际工贸公司、搜索研究院、两冀基金会、第一西联基金会等。

巴迪基金会中国项目 2009 年财务报告①：

收　　入	美　　元
上年度累计基金	35596
从澳门总部收入	139330
总收入	174926
支　　出	美　　元
北京代表处行政管理	13477
项目支出	133.019
总支出	146496
累计资金余额结转	28430

随着巴迪基金会近两年在中国大陆的项目增多，其财务年报的

---

① 巴迪基金会：《中国项目 2009 年报》，第 17 页。以上报表的财政年度时间为 2008 年 8 月 1 日至 2009 年 7 月 31 日。

规模和内容也发生了明显的变化。以下是巴迪基金会 2011 年 1 月 1
日至 12 月 30 日的年度收入和支出报表，其中支出报表分澳门行政
特区和中国大陆两大块：

收入（澳门行政特区运作）	美 元
个人捐款	31194
机构赠款	568000
出售书籍和教材	1431
利息收入	17412
培训与服务费	56343
澳门行政特区运作的收入总计	674380

支出（澳门行政特区运作）	美 元	支出（中国大陆运作）	美 元
澳门总部行政管理	101193	北京代表处行政管理	54782
澳门青少年赋能项目	29170	机构能力建设项目	83831
		青少年赋能项目	33108
支持中国大陆的基层社会组织、项目小组	356533	环境建设项目	37239
		政府与公民社会合作项目	54675
澳门行政特区运作的支出总计	486896	中国大陆运作的支出总计	263634
支出总计			750530
2011 年收支平衡			– 76 – 151

　　至 2012 年，各项收入总计 791406 美元，各项支出共计 712921
美元（其中澳门特区运作支出 415938 美元，中国大陆运作支出
296983 美元），收支平衡为结余 78485 美元。①

　　按法律规定，基金会向澳门特区政府有关管理部门提交年度财
务报告，接受财务审计和社会监督。其与中华慈善总会开展合作，
建立"中华慈善总会巴迪社区发展基金"，公开捐赠账号和捐赠方

---

① 巴迪基金会：《2012 年报》，第 28 页。

式，确保妥善管理和使所有捐赠用于提升农村人群的能力以贡献自己的社区发展。但从目前的情况看，大陆部分的捐赠才刚刚起步，巴迪收入将长期依赖澳门总会，而巴迪的资金走向，继续保持澳门运作部分支出减少，大陆运作部分支出增长的趋势。

2. 执行项目的原则

在巴迪进入中国大陆开展项目之前，其项目人员直接提供培训，直接参与贫困地区的社会发展项目。从 2008 年开始，巴迪人员基本上停止了到基层做培训的工作，转而将社区机构的能力建设作为核心项目，更多的是通过寻找愿意学习的人，组织学习和实习，与各种机构的持续合作，推进社会经济发展项目的执行，提高社区发展项目的质量。在这些项目进行过程中，巴迪逐步确立了一些开展项目的核心理念和原则，其中包括：第一，强调物质和精神元素的和谐统一；第二，强调赋能、参与和能力建设；第三，强调科学技术和知识的作用；第四，强调机构能力的重要性；第五，强调将学习作为态度和方法；第六，强调物质资源的有效利用。

基于以上原则，在开展项目时，巴迪抛弃了将经济指标作为项目成功的主要指标的常规做法，强调社区的和谐与团结、发展成熟的人际关系的重要性、谦卑和公正在决策中的必要性，以及个人的诚实、可靠、慷慨等精神品质，在培训中帮助人们加深对这些理念的理解。同时，为了避免在扶贫过程中受助者过于依赖外来物资、服务和人力资源，巴迪不会将预告设计好的发展项目强加给本地社区，而是致力于培养本地居民在越来越复杂和深入的层面上发现和满足自身发展需要的能力。

特别值得提出的是，学习是巴迪所有事业的核心。"以学习的方式去做事"，意味着巴迪用一种"我们知道我们不知道"的态度，去学习和探索如何推动一个社区的社会和经济发展。学习作为一种方法，意味着巴迪开展项目时，不会制定和实施宏大的计划，而是首先开展一些相对较小规模的、有明确原则和共同愿景的项目，然后对初步行动的结果进行反思，调整战略和方法，为后续行动奠定基础。

3. 巴迪的合作渠道

以下清单是 2009 年与巴迪基金会的大陆项目进行合作的单位：

国家：国家外国专家局、国务院扶贫开发领导小组办公室外资项目管理中心

北京：北京富平学校

甘肃省：甘肃省扶贫开发领导小组办公室、甘肃省妇女联合会、甘肃农业大学、天水市扶贫开发领导小组办公室、定西市安定区扶贫开发领导小组办公室、陇南市微县扶贫开发领导小组办公室、临夏回族自治州永庆县扶贫开发领导小组办公室、平凉市崆峒区索罗乡人民政府、天水市麦积区妇女联合会、天水市秦州妇女联合会、定西市漳县妇女联合会、平凉市崆峒区妇女联合会

陕西省：陕西省妇女联合会、铜川市印台区扶贫开发领导小组办公室、定边县妇女联合会、绥德县妇女联合会、米脂县妇女联合会、清涧县妇女联合会、中共绥德县委员会、米脂县印斗镇人民政府

云南省：云南省妇女联合会、临沧市妇女联合会、凤庆县妇女联合会

四川省：仪陇县扶贫开发领导小组办公室、旺苍县扶贫开发领导小组办公室

河北省：衡水市武邑县妇女联合会

河南省：叶县扶贫开发领导小组办公室

青海省：循化撒拉族自治县扶贫开发领导小组办公室

国际层面：巴迪基金会是巴哈伊教的全球网络机构中的一员。在过去20多年里，巴哈伊信仰激励的机构已经遍布亚洲、非洲、拉丁美洲和欧洲的不同地区，这些"机构共同努力分享有关如何为社会和谐与真正发展做出贡献的知识和经验"。而针对中国专案，巴迪基金会与一些国际组织展开了合作。它们是：联合国世界粮食开发计划署、国际农业发展基金、联合国开发计划署、联合国妇女发展基金会、德国阿登纳基金会。

到2012年，巴迪的合作单位更多。在国家级层面上，在与国务院扶贫开发领导小组办公室签订战略合作框架协议后，巴迪继而与国家发改委开展合作。

从总体上看，巴迪的合作单位从国际的、国家级的、省部级的到县乡级的都有，且多是各级政府的农业、扶贫、妇女等部门。巴迪是希望通过与政府机构的合作，共享发展理念，通过与国际国内各方面的合作，提高项目的质量和水平。因此，在巴迪未来10年的行动路线中，巴迪计划与国家级部委、各级行政部门、基层社会组织和个人展开更有成效的合作。

4. 慈善项目与宗教组织发展

按照一般的定义，宗教非政府组织是指那些宣称或实际身份建立在一种或多种宗教或精神传统之上、在国内或国际层面推进公共福利事业，且不以传教为目的的非政府、非营利性和志愿性组织。当前，国际非政府组织与主权国家、政府间国际组织以及其他非政府组织之间的互动，已经成为全球治理和国际政治的重要因素。在一些具有重要地缘政治、经济、军事意义的发展中国家，宗教非政府组织与国际宗教人权组织的活动相结合，不断扩大动员能力和国际影响力，被评估为有助推动"颜色革命"。另据一些专家对宗教非政府组织的实际传教效果的研究评估，认为这类组织在传教行为上"介于世俗国际援助机构与传教组织之间"。因此，包括中国在内的许多国家，对于宗教类非政府组织是否进行传教活动，或其潜在的传教功效，持十分警惕的立场。有鉴于中国政府十分重视有关问题，笔者在本报告中特别补充巴哈伊慈善行动与"传教"的关系问题。

从巴哈伊教的最上层开始，慈善与传教分离是一个原则。1973年，世界正义院指示地方灵体会："灵体会应当以纯洁的动机而非为宣传信仰来开展慈善工作。"①

在澳门，巴哈伊教从1958年成立第一个地方灵体会至今，基本上处于自由、自然的发展状态。不可否认的是，在巴迪基金会成立之初，创始者是将基金会的活动与信仰者的增加联系起来考虑的，并得到世界正义院的赞同。② 但从目前的情况看，巴迪在澳门两个项目中，联国学校招收学生不分宗教，其中大多数学生并不是来自巴哈伊家庭。其青少年赋能项目也是不分宗教，在跨宗教团体中推广。因此，其社会发展项目并未导致巴哈伊增加大批信众。澳门巴哈伊人数一直平稳有序，保持在2000~3000人之间。

巴哈伊信仰在中国传播的时间已百年有余，但直到目前，无论是在国家层面和地方层面，巴哈伊教在中国大陆都未被允许设

---

① The Universal House of Justice: From a Letter to a Local Spiritual Assembly, March 19, 1973. Lights of Guidance, p. 121.

② 在"1993年世界正义院致澳门回信"中，有以下文字："正义院高兴地注意到，你们十分关心信仰……的扩散和巩固，并与你们同样相信，在你们发展的这个阶段，积极主动的信仰者人数的大幅度增长至关重要。该问题你们需要经常在你们团体的拓荒者中的提起。"

立灵体会。只有在中国工作的"外国的"巴哈伊信徒，按照《中华人民共和国境内外国人宗教活动管理规定》这一行政法规进行活动，因此中国有多少巴哈伊信仰者，也一直没有统计数据。巴迪在中国大陆展开项目，据称从来不提及巴哈伊教义或教徒身份，直到许多项目结束，社区的参与者也不知道该项目的巴哈伊背景。在笔者的采访中，巴迪领导人明确表示，服从政府是巴哈伊的基本原则之一。巴迪基金会与巴哈伊的传导机构是分离的，巴迪的使命与巴哈伊传导机构的使命也是不同的，巴迪在执行项目的过程中没有必要提及宗教信仰，巴迪仅以促进社区人民的福祉为己任（见本报告附件）。

（二）巴哈伊慈善理念及巴迪实践的反思

基于以上对巴哈伊的慈善理念的梳理，和对巴哈伊信仰激励的组织——巴迪基金会的社会服务项目的考察，笔者进而提出以下三个问题：巴哈伊的慈善理念和慈善行动以及其理念和实践的连接机构（巴迪基金会），为社会的可持续发展做出了什么贡献？其为社会建设所做出的贡献又为宗教团体服务社会提供了什么经验？巴哈伊团体的机构在服务社会中遇到的困难，又为国家有关政策法规"引导"宗教慈善行为提出了哪些尚待解决的问题呢？

无论是宗教团体还是世俗机构，哪怕只是捐钱捐物，只要是倡导真正的慈善文化，并脚踏实地进行慈善公益活动，无疑都是对社会的一种积极贡献。但是，宗教团体之为宗教团体，决定了它不能同世俗团体一样，可以满足仅仅是作为获取和提供财政资源以进行扶贫济困项目的"工具性机构"。因此，评价一个宗教团体的慈善理念，需要考察其对于社会维护、社会改良和社会转变所做出的思考，而评估宗教团体的慈善行动（如巴迪的项目），也需要考察其对建构社会的精神价值、提高道德水平和培育与时俱进的新文化所做出的努力和贡献。

由于宗教慈善理念是通过宗教团体的具体行动得以贯彻和体现的，那么评估宗教慈善理念就需要首先考察宗教团体及其成员对于其理念的理解程度、实践方法和落实能力，进而考察其在社区（社会）上的推广情况。在本研究中，我们的评估集中考察的是巴迪项目。巴迪项目的最突出的特色，是自始至终都致力于"把（巴哈伊教的）精神与科学原则应用于构建社会和谐、世界和平及物质繁荣与精神发展之中"。考察巴迪项目，我们可见巴哈伊的精神原则的确是引导着巴迪的行动，并逐渐在澳门和中国大陆展现了一条独特的慈善道路。

首先，巴哈伊"人类一体"的教义和精神原则，塑造了巴迪项目在各个层面所抱持的行为态度。

因为认识到并坚持"人类一体"的原则，巴迪员工在从事各种项目慈善时，没有采取一种比受助人高人一等的姿态，或持有诸如"是懒惰导致了贫穷"的先设偏见。在看待穷困者的时候，巴迪服务者相信穷困者拥有和其他所有人一样的巨大的潜能，而在提供一定的物质和精神支持下，穷困者就会主动承担起改善自身能力和转变社区（和社会）的责任，并最大化地发挥潜能实现这一双重目的。在笔者研究的大部分慈善案例中，面对一个物质资源相对较贫乏的群体，物质资源更充足的赞助人往往只看到匮乏，而巴迪员工却没有忽略贫困和贫乏群体的才能、抱负、可能提升的能力和成为变革主体的潜力，认为这些正是巨大的财富。因此，巴迪项目人员不是将自己看作"外人""赞助人"，不会以自己的同情、恐惧、愤怒或矛盾的情感来影响他们对社会的解读。不仅如此，巴迪所抱持的"我们知道我们不知道"的态度，促使其不断去学习和探索如何进行慈善工作。

其次，巴哈伊"人类一体"的精神原则，塑造了巴迪员工在执行各个项目时所拥有的行为方式。

由于巴哈伊团体不持"局外人—局内人""有知者—无知者""富有者—贫困者"等类似的二分法，包括巴迪项目在内的行动方式都是"参与式的"，即尽力让所有人在共同探索进步之路的过程中，亲身参与知识的产生与应用。同样是基于这样的理解，巴迪员工认为社会经济发展行动中应当保持"服务的原则"，提倡不将自身视为某个社区以外的外来援助者，不因受助者没有达到自己期望的某些目的而倍感沮丧，更不会出于私利而开展慈善行动。

再次，巴哈伊"人类一体"的精神原则，指导了巴迪员工在各个层面的行为目标。

在研究宗教慈善问题时，研究者提出的问题之一是，"宗教慈善"（或其他任何形式的慈善、志愿主义或社会服务）仅仅是为达到设定的物质目标而获取财力和人力资源的一种手段，还是有助于社会关系的改变和社会纽带的加强？江绍发会长在访谈中曾说道：巴哈伊社团相信，随着人类成熟期的到来，任何一个社会都必须从控制结构变为平等和谐的结构。现在大多数的社会经济发展行动，都自然而然地以改善某一人群的某一方面的生活为目标，但是也只限于改善生活条件——这是当今世界普遍存在的发展途径，这种发展途径往往带着家长式的态度，采取的方法往往是否定人们已有的知识和剥夺人们已有的能力。

在巴哈伊团体看来，这些贫困人群本来应该是变革的主体。巴哈伊的理念是，设定并达到改善生活条件是社会行动理应考虑的事情，但比这个目标更加重要的，在为社会发展和进步做贡献的过程中，应该伴随着提高贫困人群"参与发展过程的能力"和"自我发展的能力"，最终促进一种公正的权责关系和更平等的社会制度的建立。这就是为什么在巴迪项目支持中成长起来的个人，在建立了社区服务机构以后，巴迪会陪伴这些机构建立、维持和发展与政府部门、社会其他机构和个人的良好关系，并进而与各方面平等磋商和协作，以便更有效地展开服务社区的工作。

最后，巴哈伊的精神原则决定了巴迪项目的受益空间可以不断扩大，其慈善理念有助于培养一种人类一家的身份。

就像世界上所有的主流宗教一样，巴哈伊教也劝诫人们要有爱心和同情心，要仁慈、慷慨和多做善事，巴哈伊的成功之处在于不仅仅是劝善，而是启发人们的行善动机和引导人们的行善行为。在行善动机方面，前文引述的巴哈伊显圣者话语明确指示，捐出部分上帝给予的东西，便是对仁慈上帝的感激。巴哈伊"圣护"还强调"不断掏空自己，又不断从那不可见的源头获得补充"是唯一"正确生活方式"①。可见巴哈伊团体所建构的人的身份，是一种精神性的身份，这种身份的建立使得自我的存在价值不在于占有物质的多少，而在于"大爱"和"共同的善"，即自我的存在、价值和幸福，同全人类的幸福是不可分割的。培养精神性的身份并将之付诸实践，是有利于在社会上培养"给予""施与"的态度、心理和行动，从而打破通过"利己"交换"利

---

① 守基·阿芬第:《圣护指示录》，第83则，第32页。转引自胡希曼德·法西亚赞姆著《新园》，澳门新纪元国际出版社，2013，第148页。

他"的行为规范。巴哈伊教具有人类一家的精神团结观念，拥有天下大同的思想观念，因此将"全人类"视为自身的"种类"和"范围"，对一个人或人类任何一部分的伤害，因此也被视为是对全人类的伤害，那么对任何一个人或人类任何一部分的行善，也是对全人类的行善。这无疑指明了巴哈伊的行善行为的"范围"，由此打破家庭、亲属和种族的壁垒，从而扩充"施与"范围，建立一种施与文化。

巴迪在过去 15 年中，专注培养贫困地区农村人口参与发展过程的能力，这是"基本解决温饱问题"之后的中国所急需的慈善领域；其强调"科学"精神和方法，注重培养穷困人口的"自我发展能力"，展示了既授以"鱼"也授以"渔"的慈善方式；其以综合性的贡献——贡献天赋、时间、精力、知识及物质资源——而不断服务社会的精神，有助于在全社会创造一种慷慨施与的文化（即人们将自己最宝贵的而不是自己多余的，贡献给需要的人）；其在服务过程中不断学习、不断反思的谦卑态度，有助于在全社会形成一种学习的文化。在这种文化氛围中，每个人都可以参与到学习、商讨和行动之中，在此过程中构建人类平衡与和谐发展的话语，并朝着共同愿景而努力。

在采访中，笔者曾问到的一个问题是：巴迪的最大困难是什么？罗兰博士说，巴迪基金会规模不大，进入中国大陆开展服务的时间也不长，最大的困难是越来越多的地方政府和社区要求我们开展更多的项目，但我们的人力物力都不足够。可见，虽然巴迪作为一个非营利机构，其组织观念和实践行动都展现出巨大的社会服务空间，有助于转化社会关系并建立一种施与文化，但其规模和影响都还十分有限，仅可作为学习服务社会、探讨社会善行的先行者。

幸运的是，巴迪的实践在各个层面都是得到了肯定和鼓励，国务院扶贫办因此提出巴迪项目"值得推广"。①

附录　巴迪基金会北京代表处采访录

采访人：邱永辉

被采访人：安小雨（巴迪基金会北京代表处首席代表）

周鹏（巴迪基金会北京代表处高级运营总监）

采访时间：2014 年 3 月 27 日

采访地点：巴迪基金会北京代表处

北京办公室负责开展哪些项目和行动路线？

北京办公室开展机构能力建设项目（简称 ICB），该项目推动基层社区组织在农村和城郊社区的建立，并加强它们的机构能力，以促进它们所在社区的平衡发展。这些基层社区组织或者开展道德赋能与英语教育项目（简称 METL），或者开展环境建设项目（简称 EAP），其中 METL 项目旨在提升 12 ~ 15 岁青少年的能力，而 EAP 项目旨在提升农村妇女的能力。虽然这三个项目在一定意义上是三个不同的项目，但它们都是相互关联的，因为巴迪基金会并不直接开展 METL 或者 EAP 项目，而是通过 ICB 项目与当地的机构合作开展这两个项目。此外，我们办公室还有一条行动路线，即与同样关注平衡发展、能力建设以及社会组织的角色的政府机构、公民社会和学术机构开展合作，并推动彼此间的对话。

你们与哪些政府机构开展合作？你们的合作采取什么形式？

---

① 国务院扶贫办编《中国社会扶贫创新行动优秀案例集 2012》，中共中央党校出版社，2014，第 334 页。

　　我们的北京办公室与一些政府机构、公民社会和学术机构建立了战略性伙伴关系，其中包括国家发改委国际合作中心、国务院扶贫办外资项目管理中心、国家外国专家局、中国国际民间组织合作促进会、中华慈善总会和清华大学 NGO 研究所。我们旨在与这些机构开展活动来推动关于某些共同关注的问题的对话，例如物质和精神平衡发展的实现、农村居民的自我发展能力以及社会组织在中国发展中的角色。我们的合作包括各种不同的活动，诸如目前我们正在与国家发改委探讨在新疆和田县为维吾尔族妇女开展一次 EAP 能力建设培训的可能性；去年我们向国务院扶贫办外资管理中心提交的一份关于 ICB 项目的案例研究被收录到中共中央党校出版社出版的《中国社会扶贫创新行动优秀案例集》中；我们还在 3 月 26 日与清华大学 NGO 研究所联合主办了一次圆桌会议，探讨"物质和精神平衡发展"的议题，参与者包括不同的政府和公民社会机构。

　　几年前，我们办公室曾与国家、省级和当地的扶贫办以及妇联办公室合作直接在农村社区开展 EAP 项目。随着我们的 ICB 项目的发展，我们不再直接开展这一项目，而是专注于提高我们的合作基层社区组织实施这些项目的能力。我们与这些基层社区组织密切合作，共同努力发展和加强它们自己与当地政府的机构的合作关系。与我们合作的基层社区组织都与当地市、县级和乡镇级扶贫办、妇联、教育局和民政局建立了合作关系。

　　基金会的项目与巴哈伊信仰之间是什么关系？巴哈伊的数量有没有因为你们的项目而增加？

　　巴迪基金会是一个"巴哈伊启发"的机构。巴哈伊教义中的概念和原则指导着我们所有项目的设计和实施，以及我们加强机构能力的行动。在巴哈伊信仰中一个重要原则是纯洁的动机。巴哈伊开展社会行动完全是为了促进社区的发展，而不是因为我们想要利用这些项目向人们传导巴哈伊信仰，这一原则不仅在中国而且在全世界的巴哈伊思想启发的社会行动中都是如此。另外一个重要原则是服从政府，巴哈欧拉教导，巴哈伊必须服从政府，所以这也是我们在中国和世界任何其他地方都要遵守的一个原则。

巴哈伊的数量没有因为这些项目出现明显的增加，无论我们还是与我们合作的基层社区组织都不会向我们当地的合作者或者在与青少年或农村妇女合作时直接提到巴哈伊信仰。如果知道了我们是受到巴哈伊思想的启发，他们很可能会感到惊奇。我们北京办公室的工作人员和一些合作基层社区组织的创始人都是巴哈伊。一个有趣的现象是，对于已经是巴哈伊的人来说，服务于社区增强了他们的信念、灵性感知力和灵性理解力。

在你们的项目中，关于宗教的对话与关于发展的对话在多大程度上相关？

当我们与政府、公民社会以及学术界伙伴开展对话时，我们从来不会提到宗教或者巴哈伊信仰。即使没有宗教信仰或者不是巴哈伊的人也会意识到，社会的精神和道德发展需要与物质发展相平衡，这也是中国政府和人民也非常关心的一个问题。事实上，我们不需要直接谈论宗教就能找到很大的空间来推动关于道德赋能和物质与精神平衡发展的对话。

巴哈伊启发的项目与典型的慈善项目有何不同？

一个重要的区别是，我们的项目专注于提升当地人群的能力来使他们自己参与到自身的发展中，而不是提供物资和服务。但是，这并不能解释所有情况，因为专注于能力建设的项目有很多。

　　我们与其他慈善项目的区别或许在于我们如何看待我们合作的农村居民，以及我们如何看待我们自己与他们的关系。我们看到我们合作的农村居民身上拥有的巨大潜能，我们的项目力图释放这一潜能，使他们成为他们社区发展的主要参与者。在这个过程中，我们不把自己看作是"专家"或者认为我们拥有某种更高层次的知识想要传输给农村社区。我们把自己看作是与当地居民肩并肩共同学习如何发展当地社区。我们把自己看作和他们是一样的。这与巴哈伊教义中"人类一体"的原则相关。

　　另外一个区别关系到我们如何看待能力建设，能力建设的概念通常被认为是帮助人们学习具体的技术或职业技能，这一点虽然很重要，却无法有效地帮助人们真正为他们社区的发展做出贡献。我们的项目力图通过教育发展人们在更复杂程度上思考和行动的能力。例如，我们的 EAP 项目并不仅仅教农村妇女如何使用环保型技术，而是努力帮助她们获得对科学概念和原则的理解，例如生态平衡的概念，这样她们就能理解并根据她们的需求做出技术上的选择。同样，我们的 METL 项目并不为青少年指定具体的服务活动，而是努力发展他们解读社区现实、识别社区需求以及选定并开展服务活动的能力。相应地，我们在我们的项目中使用的能力或"才能（capability）"概念包括理解相关概念、获取相关信息、加强相关技能以及发展必要的态度和精神品质。

　　为什么 METL 项目使用的是英语？

　　METL 项目主要专注于青少年的道德赋能，同时也包括一个英语语言教育的部分。之所以采取这样一种设计，部分原因是，如果这个项目也能帮助青少年提高他们的英语，那么在学校以及与家长开展这一项目的空间就更大。同时，英语不仅是达到目的的一个手段，我们真心地努力提高项目的英语语言学习部分，并加强青少年的英语语言能力。

你们能不能给出一些具体的例子来说明你们的项目如何运用科学知识和精神原则？

我们项目的一个核心原则是有机成长。基层社区组织在努力协助项目参与者提高能力以促进社区发展的过程中都是从简单的活动开始，然后逐渐提高活动的复杂性。在目前这个阶段，我们刚刚开始有一些能够分享的有意义的经验和案例研究。以下是我们选择的2个案例。

案例一

从个人转变到社区发展的促进者

——陕西定边宇君服务中心的有机发展过程

2001年的时候，我在家种蘑菇经营自己的小本生意，村里来人说要参加一个什么培训，我也不清楚是什么就跟着大伙一块去了，在县城参加了5天的培训，我记得前两天，课堂上没人讲话，一点也不活跃，但是后来大家学习到男女平等、磋商、团结，我就觉得农村妇女也能做很多事情，开始慢慢敢说话了，我以前从来没有参加过这样的学习，协助者们对我们特别友好，第5天离开的时候，大家都抱头痛哭，我觉得参加了培训之后，我就觉得我有自信心了，胆子变大了。后来我又参加了协助者培训，我觉得自己有能力了，以前根本不敢说话，后来就觉得越来越有自信。

13年后，当田红艳回忆起自己最初参加环境建设项目的学习时，仍然能够记得很多细节，她认为正是这样一次培训，使她重新认识并发挥自己的潜能，也从项目中获得了更多的信心和勇气。之后的几年，她作为一个项目的协助者在村里开展一些学习和活动。2008 年，当巴迪基金会开始尝试环境建设项目的基层社区组织创建时，她的强烈服务自己社区的意愿自然成为巴迪基金会的创建者候选人之一。她继续回忆道：

> 2001 年参加完基金会的培训之后，我一直都挺积极的，我也成为基金会的一个协助者参加了后续的培训，直到 2004 年我自己发生了车祸这个工作再没有继续。在收到基金会的电话之前，我原本以为基金会把我都给忘记了，当基金会给我打电话的时候，我就自然地开始了这个项目，因为在之前参加项目的过程中，项目的理念已经内化在我的思想中，比如说什么是真正地幸福，以及人活着真正的意义是什么，我做了很多的反思，因此成立这样的机构就自然而然。我现在的理解是，人并不是为金钱活着，只要你活的幸福，开心，并且能为社会做一些事情，就已经足够了。

经过了一系列的培训之后，她作为第一批人力资源在自己的家乡创建了"宇君服务中心"，为推进社区福祉的持续发展做出贡献。由于之前对基金会项目的概念和内涵已经有了理解并且通过行动进行了深化，因此她的项目很快就在当地开展了起来。她在 12 个村庄开展了能力建设培训，参与者达到 1254 多人次。村民被课程的概念启发，不仅开始应用科学知识进行间苗种植、试种良种马铃薯、开展提高肥效的实践，同时也帮助其他村民维修机井，抢收庄稼。

尚玉玲是曹则元村的妇女主任，她 1992 年开始在村里发展养牛产业，从当初的 4 头牛发展成为目前初具规模的 68 头牛。参加环境建设项目对她的影响很大：

> 首先，我通过这个课程学习到了合作和磋商的原则，并且学习到了一些生态平衡的科学知识，我自己更有信心了，培训回来之后我的思想有了很大的变化，就在想不能一直作为家庭主妇，我一定要做一些自己的事情。
>
> 其实家里也一直断断续续地养牛，但是一直没有想要做大规模的，培训回来之后我就想是不是可以发展养牛的产业。但是当时由于发生了瘟疫，村子里养牛的人家基本都把自己的牛卖掉了，我丈夫和公公婆婆也强烈要求要卖掉，但是我想继续养下去，我以前是没有这种信心的，家人找我谈了好几次，我就用我们课程里学的知识，磋商，四种不同的人际关系等那样的知识和他们去沟通。后来他们同意我继续养下去。那个时候牛奶的产量很低，我就赔钱买草料喂它们，自己去找兽医，自己还通过阅读学习一些养殖知识，想配药等一些小问题都自己解决了。现在一切都发生变化了，已经有68头牛了，牛奶月产量有30000多斤。我觉得这个课程让我的思想，观念都发生很大的转变。

尚玉玲也开始意识到对他人帮助的重要性，参加完培训之后，她在过去一年的时间里，在自己的家里组织了四五次聚会，将村里参加过学习的十几个妇女组织起来，一起来谈心并分享自己的一些想法，而不像以前大家聚在一起打麻将。她说：

> 我们主要谈怎么教育孩子，怎么和婆婆，丈夫搞好关系，如果谁家养的牛，猪有什么病，我们也坐在一起看看能不能帮忙，我也会把自己养牛的一些经验分享给她们，也鼓励她们做

出改变。通过这样的聚会，我觉得大家的思想都有一些变化，大家都很想做一些事情，但是因为不同的原因还没有行动起来，但是这样的行动需要一个过程，我相信通过举办这样的活动可以使大家更加有信心行动起来。我以后还会邀请大家来我家，我觉得这样的聚会特别好。

在项目执行的过程中，巴迪基金会也在陪伴"宇君"的机构能力提升，经过5年的有机发展，项目小组现在扩展为3个核心人力资源，同时，机构也在学习财务管理能力以及探索与政府的合作。在机构能力提升方面，田红艳分享了自己的感受：

> 当然，在工作开始之后，我的工作也遇到了很多的挑战和困难，但是每次我都会和我的工作伙伴一起磋商解决，但是有时候也会遇到很多不被别人理解的情况，比如我到村子里邀请学员的时候，有些人根本不理睬我们，但是有了团队之后，团队的每个成员都有很大的帮助，让我们觉得是一个团队的力量，我们一起帮农民干活，一起干活的时候邀请村民，有时候我们也挺委屈的，觉得这么好的项目为什么她们不理解，这个时候我们团队成员互相鼓励，寻求解决办法，给我很大的信心。
>
> 以前我很被动，我总是觉得协助课程就被动地去执行，但是现在我越来越主动地去做一些事情，这个是成立机构的一个很好的进步，另外，我更加具有责任，而且作为一个机构，我开始学习如何制定机构发展的战略、目标和规划。在这个过程里，我的自身能力也提升，比如说财务这一块，我自己也在不断地学习，管理能力方面，以前哪里会想到自己还会管理别人，根本不可能，但是现在我自己也摸索出一些管理的方法和

技巧，能够感到自己和机构的进步。

2013 年夏天，"宇君"和县妇联合作开展了一次密集培训，邀请到 29 人参加环境建设课程的学习，经过大家集体磋商后，大家用农闲的时间分为三个密集时段学习完了课程，通常这一阶段的课程完成之后，参加者们需要制定一个小组的行动计划，将课程中的概念和原则应用到实际的社区行动中，这次的行动计划磋商格外有趣，大家在分析了社区的一些需求后，发现有的计划很难在短期完成，而有的计划过去复杂，于是她们决定从力所能及的事情开始，一致决定将课程中的生态环境保护知识运用起来，她们制定了一个名为"环保妈妈志愿者服务"的计划，到马莲滩防护林捡垃圾，大家分配了各自的任务，并花费了 2 天将这一防护林带的环境清理干净。在环境建设项目中，启动一个基于社区平衡发展愿景的行动计划通常从小的活动起步，这样可以估计居民参与并更好地运用磋商、合作以及赋能等精神原则去解决一个社区问题，村民从过往活动中反思并学习到一定经验后，会逐步地使这样的活动趋于更加复杂化。

"宇君服务中心"是巴迪基金会通过识别人力资源，并邀请他们参与巴迪基金会组织的机构能力建设项目培训，从个人开始陪伴逐步成长为基层项目小组开展社区能力项目。这一过程围绕机构能力建设项目中的 7 个能力有机展开，从这一发展的过程中巴迪基金会本身也从她们身上学习到更多的经验和知识，虽然这样的基层社区组织的发展还需历经反思行动再反思的过程才能逐步总结出更多的经验，但是我们已经观察到项目对社区平衡发展的影响力已经初步凸显。

案例二

努力成为促进智力与道德平衡发展的教育者

——山西晋城新园青少年道德赋能与英语学习中心创始人自述

一个人青少年时期的梦想会为其一生的发展奠定基调，因为在这个年龄段，一种觉醒的新意识会使他们开始更多地观察和关注社会，并思考自己的使命和未来。我应该就是这样一个例子吧！

中学的时候，我发现尽管书本里教授给我们各种美德，但现实生活中人们似乎并不总是能按照规则来行事，利他和无私奉献的精神往往会被人们搁置一边，老师曾经的教导常常只是作为一种美好的回忆或憧憬存在于人们的生活中。于是我便萌生了一个梦想——为这个世界的改善，特别是人心的改善做点事情。

虽然自己的想法和做法有时会被人视为"单纯"甚至"幼稚"，但似乎自己所抱持的人生态度并没有因为他人的看法而改变。特别是当我上了大学，接触了一群与自己有共同理想的朋友之后，先前的想法更是有了质的飞跃。千里之行，始于足下。毕业后，我选择了回到了家乡晋城，服务于家乡的教育。

不知不觉已经在当地的一所高中任教 16 年了，16 年教给我很多，但同时也让我认识到：竞争的教育体制并不总是有利于人们的潜能的挖掘。很多的学校都把培养品德高尚的人这个目标降低为学校之间升学率的比拼，从而也把学生和老师们的目光和精力牵引到了这样的目标上。学校仿佛成了一个分数的竞技场，爱和团结不再唱主角，教育越来越偏离它应有的轨道。在这样的环境中，我内心的疑问也与日俱增。但在作为一个教育者，我一直没有停止探寻怎样通过服务他人来实现青少年道德与智力平衡发展的努力。虽然我也尝试创立一个培训学校来实现自己的愿望，但是我却依旧没有发现合适的途径来追求自己的使命。但是这一切经历为我今后的抉择积攒了勇气。

一个偶然的机会，由于朋友的引荐我认识了巴迪基金会的项目，我自己本身是英语老师，而这个项目提升青少年的道德与英语语言能力的双重目标让我看到希望之光。我很急切地想开展这个项目，但是巴迪基金会需要一个有机识别人力资源的过程，我被他们邀请进入潜在人力资源资料库，之后基金会的成员每次来晋城出差都会来拜访我，与我和我的朋友一起学习，让我们对巴迪基金会有更多的了解。青少年赋能与英语教育项目，首先吸引我的是那些融汇了爱、公正、服务等理念的课文，而这些理念正是我需要学习和想要教授的。通过这一阶段不同课程的学习，我更加明确了自己应如何行走在服务之路上。

3年之后，我决定正式申请开始在这个项目，巴迪基金会于是邀请我拜访了云南丽江的索路青少年。在实地考察中，我见到了这个基层的社区组织是如何开展项目的，而组织成员身上蕴含的那种乐观、坚韧和服务的精神让我感动，我不仅到他们合作的金虹中学听了课，还参加了他们机构成员自己组织的美德分享会。我感到了一种学习和精神成长的氛围。在与创始人和继梅的交谈中让我懂得了物质的真正意义在于为达成我们的人生目标和精神追求提供保障，而物质本身并不是目标。我觉得这一点不仅对我，而且也会对现在的年轻人在择业上做出正确的选择能够做出指引。虽然还是有一些担心，但是这次拜访对我的帮助非常大，于是我申请到云南大理同样执行青少年赋能项目的明惠教育机构开始了为期三个月的密集培训学习。

在三个月的实习期间,我不仅看到一个基层的非营利组织是如何工作的,还真实地看到了青少年赋能项目是怎样在一个合作学校实施的。他们上每节课前都进行集体磋商,课堂上也融入了很多有趣的单词游戏艺术活动。而这些活动都有利于挖掘青少年的潜能。每次上完课,他们都会认真地做集体反思。我们也参与了家访及服务活动等环节,印象深刻的一次服务活动是和青少年们一起清理大竹园村的沟渠。这条沟渠中的污垢已经积聚多年。记得当时大家分工合作:借工具,打水,去找村里的负责人,找垃圾车。经过大约三小时,终于把沟里的污垢清除干净了。大家的行动也引起了周围人们的观看和关注。有比较小的孩子,他们虽然没有参与劳动,却对这些哥哥姐姐的行为送来钦佩的目光;也有一些坐在旁边的老奶奶不停地谈论着这件事情。一位村子的负责人自始至终都在现场协助。我想,随着活动的持续开展,村子里的人们也会不同程度地参与进来,共同培养服务意识,共同为村子的文明建设做贡献。虽然大家感觉又脏又累,但可以看出青少年们在服务活动中的喜悦,他们把赋课程上所中学的理念运用到了社区建设中,真正把自己看成是了社区的主人。

培训期间,这个项目对于青少年道德能力与语言能力的建设以及如何在教育中促进智力与精神的平衡发展在我的头脑里逐渐清晰起来。三个月中,虽然很想家,但这里的收获却丰富了我的心灵。更重要的是,它使我从原来的生活轨迹过度到了现在的生活方式,并使我的理想与专业终于得以结合,寻找到了我要终身服务的事业。

回到家乡后,我在巴迪基金会的陪伴下开始启动了建立一个基层社区组织的过程,我发现自己具备了新的能力——寻找合作学校,寻找办公室,与青少年分享课程,和老师们探讨更为深刻的教育话题，虽然还是有很多人不解，但是我却非常有信心，并以一种美好的心态享受所有的过程。

我在晋城合作的第一所中学是巴公镇中学，因为之前结识了在该校任教的李亚军老师。当时李老师听了我介绍了项目之后，就建议说他们学校有活动课可以用。经过李老师的引荐，我拜访了学校的张校长。在几次的拜访中我感觉到校长对这样的项目是否能够提升成绩而有一些担忧，因为我们的项目是以道德赋能和语言能力的提升为目的的，虽然会对成绩有帮助，但这不是我们的主要目标。我还以机构的名义写了一封信，信中详细地介绍了我们项目的目标以及我们的教学内容，后来校长答应先有两个初一年级的班级可以尝试。

于是就这样开始了与巴公镇中学的初始合作。我确定第一次和青少年分享是公开课，这节公开课很重要，因为如何介绍项目会决定青少年的参与程度和对项目目标的理解。课上我主要介绍了我们项目的两个目标，和青少年分享了语言能力以及道德能力的重要性，并强调服务活动及艺术活动是我们课程的一个重要组成部分。这样的介绍使同学们从一开始就明确了我们的道德教育并不仅仅是停留在课堂上，而且要走入社区，进行服务。后来学校的一些领导也过来听课，主动地了解这个项目。

项目开始时，同学们和老师们感到很新奇，逐渐地同学们亲切地把项目称为"道德英语"，老师们也对项目也开始有很大的支持，班主任老师还会一起参加同学们磋商的服务活动，比如到老人院帮助老人干活，清洁社区卫生，清理社区小广告等。通过参加社区服务活动，同学们加深了彼此的友谊，并体会到了服务的快乐。通过项目的学习，大家也能感觉到自己的内心在悄然地发生着改变。比如 150 班的王雪娇同学说：

> 在学习课程之前，我没有太注重道德一说，总是认为只要我行我素，做好自己就可以了。其实没那么简单。"我行我素"进展得一路坎坷。终于，在学习了课程后，我融入集体中，团结同学，并且更加能看到自己深藏不露的天赋了。

149 班的郜宇同学说：

> 学了课程之后，我对自己和社会有了更全面的认识，以前仿佛漫无目的地走在迷雾之中，现在突然看到了一道光线，一道柔和、温暖、友好而且充满生机的仁爱光线，这道光线使自己受益匪浅，并且使自己的心灵更加成熟。在别人需要帮助时，不再是袖手旁观，而是挺身而出。

同班的宋晓楠同学也说：

> 我觉得乐于助人，善待他人，和蔼可亲，处处为他人着想，这些都是必备的品质。所以要成为一个有用的人并不难，关键在于自己是否拥有美德，还要有一颗服务全人类的心。

150 班的班主任徐老师经常在教室里和同学们一起上赋能课程。他说：

> 每个孩子都是有血有肉有感情的人，他们渴望得到别人的尊重，获得做人的快乐。那么作为教师，我们应该做什么呢？从赋能课的实质中我明白了，我们要放下师道尊严的架子，"蹲下来与学生说话"，让学生感受到自己的重要，感受

到自己的尊严，从而做到人格与心智的同步发展。赋能课程融入了爱的教育。而爱的教育正是我们教师对学生教育的主导方向。

在项目开展一段时间后，我逐渐地开始理解为什么只在当地开展项目是不足够的，还要建设自己的机构并提升能力，这样才能够使项目更具持续性。因此，我开始识别新的人力资源，由于新同事范丽丽加入了机构，在我和丽丽的相互陪伴中，我们通过不断学习帮助彼此加深对项目的认识，并且一起备课，一起上课，一起反思每一节课。并一起磋商合作，随着我们的项目初步产生影响力，校长也主动提出更多班级的合作。目前，我们合作的合作班级已经由最初的两个扩展到 7 个。

新的学期我们不仅在课堂和青少年见面，还利用周末开始了家访，帮助家长们认识我们的项目，并获得他们的支持，另外通过家访可以更深地了解一个孩子的成长历程和环境，从而与这个孩子建立一种心与心的连接。当一个孩子能够感受到我们真诚的爱时，赋能的工作就会变得更加有效。

随着项目的发展，巴迪基金会也和我们一起探讨在当地注册成为民办非企业的可能性，我们也去拜访当地的民政部门，积极和他们沟通，使他们对这个在基层开展的项目有更深入的了解。在这一过程中，我们也和基金会的朋友们一起开展财务管理的学习以未来更好管理非营利组织的财务。

经过一年多的努力，我发现不仅自己的潜能被发挥出来，机构的同事和青少年发生的转变也令我欣喜。作为一个教育者，我终于找到一个途径来促进青少年的智力和道德的平衡发展，终于可以用项目中蕴含的概念、原则、方法来陪伴青少年成长。同时我也知道行走于服务之路并不意味着一帆风顺，因为前方还会有更大的挑战，但我会通过不断的学习、行动和反思让自己的能力逐步得到提升！

我愿意在发展道路上做一个谦卑的探索者，在基层开展项目的快乐和挑战中享受这个学习过程！

一贯道在澳门的传播与发展

——以发一崇德的活动为例

陈进国[*]

一 前言

20世纪以降，在风起云涌的华人救度宗教运动中，一贯道无疑是其中影响最大、传道国度最广的重要宗教组织。当许多救度宗教团体因为政治压制等原因而纷纷退场之际，一贯道却逆势而上，开拓转型，至今已成功扩张到全球80多个国家和地区，成为一个继续稳健地迈向全球化的华人宗教组织。其相对成功的弘道模式和弘道动力，应该值得学术界去深入地探讨。1949年以后，海峡两岸政治分隔，一贯道也长期成为国共两党政体取缔或管控的对象。但随着1987年一贯道在台湾的解禁，以及两岸政治和文化的良性互动，一贯道也获得了新的发展机遇。一贯道的各组线，以台湾为基地，积极尝试"老水还潮"或"道扬神州"，其中作为"一国两制"试验区的香港和澳门，事实上也成为一贯道信仰"反哺"中国大陆的重要中转站和前哨阵地。

---

[*] 陈进国，中国社会科学院世界宗教研究所副研究员。

本文系笔者在 2012～2013 年在澳门针对一贯道的两次田野调查的初步报告。笔者将重点介绍一贯道的重要组线——发一崇德在澳门的传播和发展状况，并进而反思一贯道在华人社会中得以成功弘道的动力根源。

二　澳门一贯道在本地的传播与扎根

据一贯道内部的研究资料，澳门一贯道的最初传播管道，源自于上海、香港及台湾等三地。最早的一贯道佛堂是善一坛，是 1949 年上海宝光坛许志卿（江苏崇明人）由广东中山振澳门之后创立的。1950 年后，香港部分支线也陆续在此建堂，先后设立了慈云坛、圆光总坛等数十坛。台湾宝光建德道场于 1990 年设立崇义堂，1991 年设立天恭堂。1994 年发一发恩道场设置启慧佛堂。①

1991 年，发一崇德道场进入澳门设堂，先后设立了吉德、致德、林德、霖德、行德、康得、涵德、发一佳等十五所公共佛堂，并成立了"发一崇德澳门道务中心"，目前是澳门最大的一贯道组线。随着 1990 年以后澳门经济重心的转移，澳门本地许多企业向中国内地转移，不少厂房闲置，也给一贯道等外来宗教团体，提供了一个赖以设置道堂的公共文化空间。目前，发一崇德澳门道务中心，共注册有数个非牟利团体，作为在澳门开展弘道事业的社团组织，并依章程设有会友大会、理事会及监事会等机构，其会址大多设于澳门原来的厂区内。兹介绍如下六个文教会，其宗旨与任务大同小异。

一是"澳门崇仁文教会"（1998 年 12 月注册）。本会设于澳门美副将大马路 48 号，万基工业大厦 5 楼 B 座。目标：以宣扬儒家思

---

① 《一贯道概论》，台湾巨青出版社，第 133 页。

想，提倡固有伦理道德、注重修心养性、增进家庭和谐、社会安定为宗旨，并借举办国学研究班，净化人心讲座，敬老活动，以发扬固有道德。①

二是"澳门致德文教总会"（1999年1月注册）。本会设在澳门黑沙环泉碧花园第一期三楼AB座。本会宗旨：宣扬儒家思想，提倡固有伦理道德、注重修心养性、增进家庭和谐、社会安定为宗旨。并借举办国学研究班，净化人心讲座，敬老活动，以发扬固有道德。②

三是"发一佳文教研究会"（2005年4月注册）。本会会址设于澳门麻子街38A至38AA号地下。本会宗旨：本会以非牟利为目的，面向国际：1）从事整研究、发展、弘扬中国文化优良传统、促进文化交流；2）建设希望工程、普及与推广文化及教育事业；3）慈善济世、救弱扶贫。

四是"澳门发一崇德文教会"（2010年3月注册）。本会初设在澳门祐汉第四街50号祐成工业大厦第1座6楼A座，现改设在澳门美副将大马路48号万基工业大厦11楼A、B座。其2011年修订后的本会宗旨：宣扬儒家思想、提倡固有伦理道德、注重修心养性、增进家庭和谐、社会安定、世界和平。主要任务是：1）引导市民增进对中华传统文化的了解和认同，加强自身修养；2）弘扬"孝、悌、忠、信、礼、义、廉、耻"中华民族传统八德之精神，提升市民的心身素养；3）提倡人与人、人与自然的和谐相处，推进家庭和睦、街坊和谐、社会安定、环境友好；4）加强与有关方面的联系与协调，维护会员的合法权益。③

---

① 参见 http：//bo. io. gov. mo/bo/ii/98/50/anotariais. asp#1573。
② 参见 http：//bo. io. gov. mo/bo/ii/99/03/anotariais_ cn. asp#93。
③ 参见 http：//bo. io. gov. mo/bo/ii/2010/47/anotariais_ cn. asp#744。

五是"发一崇德正承协会"（2011 年 7 月注册）。本会设于澳门慕拉士大马路 157 号"激成工业大厦"第二期 14 楼"M"座。本会宗旨：1）弘扬孔孟之道，以儒家思想为精神指导，以圣贤君子为精神楷模，首以孝、悌、敬、爱待人，以仁、义、礼、智、信自持，文武兼修，知行合一，内外无二，阐扬中国文化的优秀传统，促进中国传统文化的现代化生活。2）为有志者提供格物致知，穷理尽性的场所，以期能自学于修齐治平之道，大用于国民，是欲以中华优秀之文化，陶铸当代社会精英，亦祈其能自觉运用和弘扬儒家思想及中华文化，内诚明于心性，外畅达于事业，创立德、立功、立言三不朽，匡扶社稷、挽化颓风之崇高理念。3）弘扬中华儒家文化，将中华文化、儒家思想向下扎根，延续传承，举办净化人心讲座，增进社会之祥和。

六是"澳门康德儒学会"（2012 年 7 月注册）。会址设在澳门慕拉士大马路 157 号激成工业中心第二期 3 楼 O 座。本会宗旨：以宣扬儒家思想，提倡固有伦理道德、注重修心养性、增进家庭和谐、社会安定为宗旨，并借举办国学研究班，净化人心讲座，敬老活动，以发扬固有道德。本会任何活动之参加者及工作人员纯属义务性质。主要任务是：1）引导市民增进对中华传统文化的了解和认同，加强自身修养；2）弘扬"孝、悌、忠、信、礼、义、廉、耻"中华民族传统八德之精神，提升市民的心身素养；3）提倡人与人、人与自然的和谐相处，推进家庭和睦、街坊和谐、社会安定、环境友好。①

目前，发一崇德澳门道务中心所开展的工作，主要有如下几项。

其一，长期开展澳门本地进修班课程的国语或粤语培训。澳门各个公共佛堂，普遍设有亲民、至善、行德、培德、崇德及长青班等班次，以及举办国语、粤语、学界等法会（一贯道求道法仪）。

---

① 参见 http：//bo.io.gov.mo/bo/ii/2012/28/anotariais_cn.asp#462。

五年进修班的年度课程共安排 18 天次（上午或晚上）。

其二，积极在澳门及中国内地推广中华经典教育。比如，2012年 9 月，发一崇德文教会举办"弘扬中华道统文化，推广百孝篇暨4/5 孝亲活动"；2013 年 3 月，发一崇德文教会为了推动勤学读书风气，传播中华经典文化，提升青少年的国学底蕴和文化修养，日前举办了"经典著作培训证书课程"。邀请台湾崇德文教基金会董事林清源、桃园读经推广协会理事长张振源、台湾中华正和书院人文发展协会副执行长林丽宝讲授儒家经典《论语》，约二百位学员参加了培训课程。[①] 2013 年 5 月，发一崇德文教会也积极参与两岸四地举办的"和谐中华·第四届海峡两岸经典文化推广会演"系列活动，取得很好的社会反响。

其三，热心参与社会公益慈善事业。近年来，发一崇德澳门道务中心积极参与澳门本地及中国内地的公益慈善事业，如开展志工培训、灾区捐款等。如澳门发一崇德文教会于 2010 年向内地西南旱

图 1　澳门发一崇德德霖佛堂在做本地老人的心理辅导

---

① 《发一崇德会推广经典著作》，《澳门日报》，http：//www.macaodaily.com/html/2013 -03/26/content_ 789115. htm。

灾捐款，2012 年向云南彝良地震捐款，2013 年向四川地震灾区捐款等。发一崇德文教灾区会也先后向海地、日本地震灾区捐款。

图 2　澳门崇德文教会颁发给学生的"两岸四地"文化活动的奖状

图 3　发一崇德澳门道务中心的精神指标墙

图 4　澳门发一崇德文教会的经典推广中心的活动照片

图 5　澳门崇德文教会的孝亲图片墙

图 6　澳门一贯道讲师在佛堂给道亲上课

三　澳门一贯道针对中国内地的弘道事业

　　长期以来，澳门是台湾一贯道向中国内地开荒宣道的重要基地。早期从福建、广东移居或偷渡到澳门的劳工，一直是一贯道在澳门开荒的主力军。不过，近一二十年，随着中国内地经济的快速发展，针对本地劳动力的需求量大增，加上澳门劳工的薪资待遇并未具有吸引力，由中国内地来澳门打工的人数开始急剧下降。澳门一贯道针对中国内地道亲的开荒速度，也开始减慢。根据霖德道堂"2009 年（国内）天榜录"，可以从中了解一些情况：2009 年共有

49 位大陆人在 XX 堂求道。其中乾道 8 人，坤道 38 人，儿童 3 人，全部来源于广东地区，主要有珠海、中山、深圳、汕头、新会等地的道亲。坤道以家庭主妇为主。另根据 2012 年统计，霖德道场本地求道数为 318 人，内地人 105 人，越南人 17 人。2012 年，林德道场本地求道数 104 人，内地人数 70 人，越南人 14 人。也就是说，发一崇德在澳门的不同佛堂，每年求道的中国内地人士数量相当有限。

不过，针对中国内地求道人数锐减的情况，澳门发一崇德道务中心仍然坚持按发一崇德组线的整体课程规划，为内地的社会界道亲安排有关道务发展与传承的课程。目前，新民、至善、培德、行德与崇德五个班别的课程，都有中国内地道亲的班次在开班培训，以期整体促进内地道亲的成长规划。

有鉴于中国内地道亲无法在澳门逗留太长时间，发一崇德澳门道务中心指导下的各佛堂都采取较为灵活的开班方式，即每季度共设有为期两天的一次或两次的课程速成班，一般选择在星期六和星期天休息日。中国内地特别是广东、福建的道亲则通过旅游或探亲的形式，前来澳门参加各种进修速成班的培训。比如 2013 年内地班务时间表安排在 6 月 1～2 日、15～16 日、9 月 7～8 日、14～15 日。其中行德坛设有新民班、培德班；霖德坛设有新民班、至善班；致德坛设有新民班（普通话）和至善班（普通话），发一佳坛设有行德班；涵德坛设有培德班（普通话）、行德班（普通话）。

有鉴于中国内地班员集训时间较紧，澳门道务中心的速成班课程安排，主要是择录原组线的进修班教程的精华部分。笔者以 2012 年度霖德坛、林德坛开设的 2 次内地新民进修课程表，6 月 9 日课程是一个下午和晚上时间：崇德佛院开班意义、活佛师尊期许、认识道场、白阳三圣行谊、献晚香及用餐、天道真传的殊胜、佛规礼节（一）。6月10日课程是上午、下午：道真、理真、天命真的见证，百孝经圣训辑要（一）、光明的智慧（论道篇、修道修心篇）、如何克服修道障碍。9月8日课程也是一个下午和晚上：白水老人语录（一）、三清四正、创造幸福美满人生、献晚香及用餐、知命立命与立志立品、渡人经验谈。9月9日课程是一上午和下午：如何广结善缘、不休息菩萨结缘训（修行功课、正知正见）、道化生活（三代同堂）、感恩与祝福。

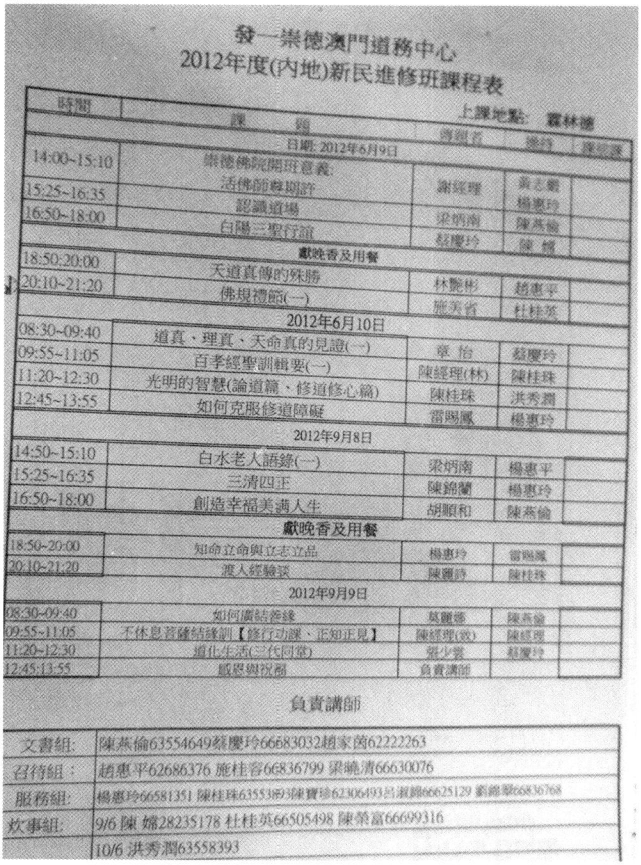

图7 发一崇德澳门道务中心内地（中国大陆）新民进修班课程表

也就是说，由于受到条件限制，尽管内地班无法像澳门本地班一样完整进行课程教学，但通过一次两天的速成班集训，以及推动内地班员在家的自学，澳门道务中心还是履行了对内地学员的阶梯性传题使命。当然，为了安排好内地班员的速成培训，澳门道务中心也针对性统合文书组、招待组、服务组、坛务组、炊事组的整体配合工作，显见其行事的高效。

图8　澳门崇德文教化的内地（中国大陆）班务时间表

四　澳门一贯道针对越南劳工的弘道事业

与中国内地来澳门劳工锐减不同的是，随着澳门回归后赌博业的快速膨胀，大量的越南人反而被吸引前来澳门淘金，从事诸如保姆、保安、服务生、工厂工人等澳门本地人不愿做的低薪职业，并成为越南劳工偷渡进入中国广东内地打工的一大门户。① 因此，越南劳工事实上成为发一崇德开荒弘道的重要对象之一，并成为拓展越南宗教市场的一个重要的中介地。

---

① 《大量越南劳工非法进入中国调查》，http://focus.news.163.com/09/0530/10/5AI9I1HT00011SM9_ 2.html。

　　近年来，澳门发一崇德文教会的十多个公共佛堂，多少能窥见越南劳工道亲的身影。根据笔者所见的部分统计资料，2012 年霖德佛堂的求道人数，澳门本地人 318 人，中国内地人 105 人，越南人 17 人。2012 年，林德佛堂的求道人数，澳门本地人 104 人，中国内地人数 70 人，越南人 14 人。

　　2013 年，发一崇德澳门道务中心，还专门开设了越南语法会——"率性进修班"，并提供了越南语的简易教材。时间选择在阴历正月初一、初二两日的早上和下午，即中国传统新春佳节。这种因时施教的率性进修班，无疑给远在异国他乡的越南劳工提供了相当重要的心灵慰藉。越南语第一天的课程安排如下：复习三宝、献供请坛演礼、班规、人生真谛、道之尊贵、因果报应与六道轮回、持斋的意义、十条大愿、孝道、课后分享。第二天的课程安排如下：献供叩头、道统和天命明师之印证、内外功之修持、天恩师德与尊师重道、认识道场 DVD、信愿行证、心声回响、毕班。主讲人都是澳门本地负责的点传师经理和骨干讲师。同时，根据发一崇德"忠义班十组运作"规则，负责佛堂的坛务、接待、服务、文书、炊事、总务、医务、善歌等组别也各就各位，放弃自己的节庆，全程陪伴越南劳工。该年度的越南语法会，也写在发一崇德澳门道务中心的"2013 年度行事历"当中，显见针对越南劳工的开荒弘道经过了道务中心之精心的规划与安排。

　　2013 年 4 月 4 日，在发一崇德澳门道务中心罗会长的安排下，笔者有幸参与了在行德坛举办的越南劳工联谊活动。该活动是由澳门台湾商会的一位陈姓负责人召集的，其本身也是发一崇德的道亲，主持成立了一个澳门"越南劳工联谊会"，在两个月会员达到 1 万多人。行德坛除了为聚会的数百位越南劳工提供联欢会的场地外，也为劳工的聚餐提供了方便。在联欢会上，越南劳工还集体为行德坛捐款。不过，行德坛某负责人对陈氏所组织的越南劳工联谊会组织也抱持谨慎和怀疑态度，以为背后更看重的越南劳工会员的会费收取等经济利益，能否给佛堂带来正能量尚要观察。

图 9　越南劳工在行德坛举办活动

五　澳门一贯道面临的危机与挑战

澳门发一崇德道务中心在发展道务过程中，也面临着许多的挑战与冲击，给一贯道的危机处理机制和舆情应变能力提出了警讯。我们试举数个案例：

1. 2000 年道亲林素月饿死女儿案

针对该案例，港澳等地的新闻媒体曾经广泛报道过，并引起两岸四地社会的较大的争议。如澳门日报、苹果日报、华侨报①、

—————————

① 《无知妇信教戒荤饿死七岁女》，http：//www.vakiodaily.com/index.php？tn = viewer&ncid = 1&nid = 9838&dt = 20060606&lang = tw。

香港中评社、中国新闻社①以及中国大陆门户网站如新浪、搜狐都有报道，并明确提到祖籍福建的林素月皈依的是台湾传入的一贯道：

> 被告林素月（四十九岁，澳门人）一九九○年加入台湾一贯道后，认为吃肉会对生命有危险、为家庭带来罪孽，即长期吃素，并禁家中四名子女进食荤类食物；一九九九年社工人员介入，将较大的三名子女送到政府公共饭堂用餐，林素月带当时年仅七岁的小女儿离家。二○○○年九月二十八日，林素月带已死亡的小女儿就医，两人行踪曝光，法医指出，女童因长期未进食，营养不良致死。笃信一贯道 逼孩子茹素妇饿死幼女囚 10 年。②

值得注意的是，各新闻媒体也纷纷用"迷信""邪教"等语词来评论此特定的事件。如雅虎香港的标题便是："澳门妇盲信一贯道 两月禁食饿死 7 岁女 内地列邪教。"而香港中评社还特别详细地言及一贯道作为"邪教"的历史：

> 香港媒体报道称，在台湾拥有信众 200 万、受欢迎程度仅次佛、道二教的一贯道，信众中不乏台湾政商大老及名人，其中最著名的首推长荣集团创办人张荣发。一贯道源于中国，于 1946 年由内地传至台湾，早期俗称"鸭蛋教"，因当地政府指其源于白莲教视为邪教，曾于 1953 年遭内政部颁布禁令，至

---

① 《澳门迷信妇笃信食素保命 7 岁女被母禁食 2 月饿死》，http：//www. chinanews. com/news/2006/2006 – 06 – 06/8/739830. shtml。

② 《苹果日报》，http：//www. appledaily. com. tw/appledaily/article/headline/20060624/270，2006 – 06 – 02。

34 年后的 1987 年才解除禁令，由当地政府承认为合法宗教。一贯道以鼓吹教众茹素驰名，不过台湾当地的一贯道法师强调，一贯道确是鼓励教众吃素，但不会强制信众吃素，更不会勉强教众子女必须素食。①

2. 商业传销及诈骗对澳门一贯道佛堂的侵扰

根据笔者在澳门行德坛（崇仁文教会）的田野调查时，曾经看到佛堂张贴有这样一则《通告》：

> 鉴于道亲在佛堂常常发生一些乱了佛规之事，故大家须了解一些观念：佛堂乃修行清静地，绝不可有谋利之意图。是故，不可在佛堂拉生意、做传销、直销、保险等等之有利益关系的举动。
>
> 道亲须清楚：来到佛堂才认识的就是道亲，做任何利益之事都不可找道亲，除非他对你所做之生意、传销、直销等有兴趣，主动找你。主动找你，也不可在佛堂讲，须约在佛堂以外的地方谈，也应向他说明佛规，为何要这样做，好让他也懂得以后怎么样做，怎样引导其他道亲。切勿让利益冲昏头脑，才是明智之举。
>
> 另外，也不可向道亲借钱，免影响道亲对道之观感与信心，乃至影响其修办。
>
> 谨记：回佛堂只心存修道、办道之事。
>
> 特此声明！
>
> 行德坛谨启。

① 《澳门妇信"一贯道" 饿死七岁女囚十年》，香港中评社，http：//www. chinareviewnews. com 2006 - 06 - 24 12：45：14。

2012 年 10 月 4 日，澳门发一崇文教会通过《澳门日报》，刊发一则《通告》：

> 本会接到会员求助，反映近期本澳出现以"捐助慈善事业及银行投资高额回报"为名义的诈骗活动，特此提醒各位会员及广大市民朋友，保持高度警惕，以免上当受骗。
>
> 澳门发一崇德文教会
>
> 二〇一二年十月四日。

而据日报同版"团体愿勿堕慈善银行陷阱"的报告，发一崇德文教会的罗顺强会长更指出估计有二十至三十名会友受骗。

上述个案虽然是一些特例，但也从一个侧面映现了澳门一贯道在应对本地社会变迁方面所面临的困境。然而，诚如澳门发一崇德文教会会长罗先生所说，澳门作为面向中国内地特别是广东的门户，肩负着"老水还潮""道扬神州"的使命，然而，1999 年澳门回归之后，由于澳门与内地在政治制度以及宗教政策方面的差异性，一贯道在中国内地的开荒更经常要面对很多的难题，比如进广东内地传道的讲师或经理，一旦被中国内地有关部门所"关切"，下次返乡就可能面临着一些难题。而澳门作为工商社会，本地求道人数的递减，也给在地的弘道事业带来了不利的影响。

六　结语

综上，笔者粗略描述了改革开放以来，特别是澳门回归中国之后，一贯道发一崇德组线在澳门的传播与生根，以及针对中国内地和越南劳工的开荒传道情况。同时，本文略述了一贯道在澳门传播过程中所面临的一些挑战和冲击。尽管一贯道在澳门这一弹丸之地的宗教市场所占的份额仍然有限，但毕竟已经为一贯道在中国内地的重新传播提供了一个相当重要的平台，其发展之势已经显现，其未来的趋势值得关注。

澳门地区民间信仰管窥

叶 涛[*]

以中西文化交融为突出特点的澳门，享有"东方梵蒂冈""东方蒙地卡罗"之称誉。所谓"东方梵蒂冈"，突显了澳门所具有的西方宗教进入东方世界桥头堡的作用；所谓"东方蒙地卡罗"，则强调了博彩业在澳门经济与社会发展中所占据的强势地位（见图1、图2）。

图1 大三巴牌坊

* 叶涛，中国社会科学院世界宗教研究所研究员。

图2　葡京娱乐场

　　纵观澳门的历史，自宋元以来，在地华人始终传承着具有中华传统和华南地域特色的民间信仰，即使是开埠及葡萄牙占据时期，澳门华人的民间信仰依旧以其顽强的生命力存续并发展，成为澳门华人的精神寄托，成为凝聚社区民众的重要力量。

　　本文所使用的"澳门民间信仰"的概念，是指与天主教、佛教、道教等制度化宗教有明显区别的、与澳门华人世俗生活密切相关的信仰事象和仪式化活动。

　　本文选取澳门的妈祖信仰、财神信仰、土地神信仰、石敢当信仰等作为主要考察对象，对澳门特区民间信仰的历史与现状做一粗线条的描述，希望能够透过一斑而窥其全豹。

一　澳门地名来历与澳门的妈祖信仰

　　自宋元以来，福建的航海者就以敬奉妈祖出名，不论是水师还是海盗，都在船上供奉妈祖的香火，并在所到之处搭盖妈祖的庙宇。在葡萄牙人抵达澳门之前，当地就已经有了供奉妈祖的庙宇，也正因为如此，当地的海盗才会被称为"阿妈贼"。

在澳门流传着一个家喻户晓的传说：当年葡萄牙人第一次航海来到澳门时，看见澳门半岛港湾里有一座妈阁庙，所以，他们将澳门称为"阿妈港"。至今为止，葡萄牙人仍称澳门为"MACAU"，类似闽南语"妈角"（或是妈阁、妈港）的发音。

对澳门葡语之名的解释，学术界至今还有争议。一些学者肯定"MA CAU"之名与阿妈港有关，也有一些学者认为："MACAU"，之名同样出于葡萄牙人对缅甸古地名的记载，例如，缅甸的"白古"也被葡萄牙人称为"MACAU"，他们认为：澳门的葡萄牙语之名与阿妈港无关。澳门历史研究专家徐晓望先生认为：虽然不能说"MACAU"之名一定就是澳门专有的，但一名多义的情况历来并不罕见。广东的"MACAU"之名是否与妈港有关，则要看葡萄牙人自己的解释，葡萄牙人委黎多的《报效始末疏》中出现"阿妈等贼"这句话，说明早期葡萄牙人确实是将澳门当作阿妈港，否则不会有类似的称呼出现。可见，澳门的葡语名"MACAU"应与阿妈港之名有关。不过，就闽语来看，"MACAU"应为"妈角"之名的对译，而不是妈阁、妈港。澳门妈阁庙所在地，原为一个伸入海洋的地形，所以，当地有娘妈角的称呼，娘妈角也可称为阿妈角。在原版的《粤大记》一书里，澳门的地名就是"亚马港"，其意为"阿妈角之港"。这一地名也表明妈祖阁在当地的历史悠久，否则庙宇所在地不会被称为娘妈角。徐晓望先生认为，澳门妈阁庙建造在葡萄牙人抵达澳门之前，应是澳门的开港者严启及其部属所造。其绝对年代应为天顺二年，即公元1458年。

在澳门，供奉妈祖的"天后庙"有十多间，正式冠以"天后"之名的庙宇就有 8 间，较为突出的有澳门半岛的"天后古庙"、氹仔岛的"天后宫"和"关帝天后庙"、路环岛的"天后古庙"。

澳门的天后庙，大都是百年古庙。氹仔"天后宫"建于乾隆年间，迄今已 250 多年；路环"天后古庙"建于康熙初年，莲峰庙的历史更为悠久，已传世逾 400 年，莲峰庙与观音堂、妈阁庙，号称澳门三大禅院，都是建于明代的古庙，明代留下来的古庙，在澳门以这三大古庙为代表，而且主要都是由居澳的福建人慷慨解囊斥资兴建，也是闽人最早来澳门的历史见证。鸦片战争之前，钦差大臣林则徐于 1839 年 9 月 3 日巡阅澳门宣示主权并查禁鸦片，受到澳门中葡居民热烈欢迎。而林则徐此行路线，以原称天妃宫的莲峰庙开始，以到妈阁庙进香为终点，身为福建人的林则徐，十分虔诚地在妈阁庙向天后娘娘进香。

在世界历史文化名城中，澳门是唯一以妈祖命名的城市，由此可见澳门与妈祖的关系密切，渊源深厚。妈祖女神是如何来到澳门的？成书于 1751 年的澳门志书《澳门纪略》中，记载了两段妈祖女神于明朝来到澳门的故事。

其一，闽人乘船来澳，因一位老妪登舟随行竟能使船疾行数千里，一夜之间神速抵澳，还没有来不及登上蚝镜澳的娘妈角，老妪便失踪了。老妪登岸失踪之时，石头显露妈祖形象，老妪被认为是妈祖的化身。

其二，闽商乘古帆运货来澳，抵娘妈角海面，忽遇暴风突袭，异常危殆之际，忽然风平浪静，妈祖显现山巅（今日之妈阁山）。闽商神采飞扬，欢呼妈祖女神来蚝镜澳。

上述两段故事，都能够引发建妈祖阁以纪念妈祖娘娘，也是形成澳门妈祖信仰、创建妈祖庙的成因。这些故事在存留至今的妈阁庙石刻碑记中亦有所记载（见图3）。

图3　妈阁庙

妈祖文化及妈祖香火的传播，移民是最重要的载体。澳门最早的移民，包括了从陆上和海上来的福建移民，澳门几座天后古庙的兴办，闽人都参与其中。例如，澳门三州慈善值理会，由漳州、泉州和潮州的居澳乡亲组成，已有超过130年的历史，值理会一向管理妈祖庙，并视该庙为三州商众的公产，成为传播妈祖文化的重要载体。因妈祖为姓林的莆田女子，澳门的林氏宗乡会——"林西河堂"，也以供奉妈祖为凝聚力，也是传播妈祖文化的重要载体。澳门"林西河堂"是一个林氏国际氏族社团，创立于光绪年间，迄今已逾百年。

随着妈祖神力的不断扩大，神格地位的不断上升，澳门信仰妈祖的民众逐渐遍及社会各阶层，其中，妈祖信仰对渔民及渔业影响最深。

几百年来，澳门渔民信奉的海上保护神虽有多位，但仍以妈祖占主导地位，影响最大。几乎所有渔船的船头上，都供奉着妈祖神像。尽管 20 世纪 80 年代以来，越来越多的渔民上岸置业安家，但家中大都还供奉着妈祖娘娘。妈祖信仰已成为渔民信仰中心，成为对渔民影响深远的精神支柱。每逢重大节日，特别是春节，渔船成群结队返回澳门"更尾"，停泊在内港。在返航经过妈祖庙前的海面举行谢"神恩"仪式时，大都会烧元宝、纸钱、燃放鞭炮，以感谢天后娘娘赐福，使其渔获丰收、平安归来。每届正月初四"财神日"，渔船纷纷驶往妈阁庙前海面，拜祭祖先、天神、水神，船首向着妈阁庙，举行行桨、开航仪式，祈求天后保佑。在平常的日子，渔民还以多种方式表达对妈祖的尊敬和祈望。渔船遇到风险，渔民更是在波涛中，拜妈祖，求保佑。每次下网之前，亦必燃香烛拜妈祖，期望渔获丰收，最好网网千斤。

妈祖本是多元的地方保护神，不仅护航成为最高的海神，而且具有救灾、御乱、护卫妇孺以及占卜吉凶等多种功能，因此既能够被渔民海商所供奉，也为岸上人家崇敬。昔日澳门半岛的七座村庄以及氹仔卓家村、路环村、九澳村村民，对妈祖同样尊崇，家中大都供奉着妈祖神位，以充实多元的民间信仰，在经济文化生活中起着一定的凝聚和感召作用。

妈祖信仰本是民间信仰，后融入佛教、道教，成为多元信仰。澳门离岛氹仔有一座关帝天后庙，建于康熙年间，是陆上居民多元信仰的体现。妈祖信仰多元化在澳门半岛还体现于每年天后诞辰异常热闹的神功戏，由海陆民间团体联合组成演戏委员会主理其事，在妈阁庙前搭棚上演，100 多年前已经有声有色，成为中外诗人、画家的重要题材。最近 30 年，神功戏在乡间并没有间断，既酬神，又娱乐，与其他节庆近 10 场神功戏一起，构成澳门文化一大盛事。

神明崇拜与社会文化往往有着多种互动关系，渔商经济从中起着重要作用，更使妈祖阁几百年前形成并发展，成为澳门的城标、澳门代表性建筑以及妈祖信仰中心。在澳门的邮票、钞票中，以妈阁庙作为图案的特别多。从 1954 年发行的一组澳门钞票选中妈阁庙，迄今已有 10 款钞票是以澳门古刹妈阁庙为图案。澳门邮票自 1948 年选印妈阁庙，迄今亦有 10 多种分别选印妈阁庙山门、洋船石为图案。如此多的钞票、邮票选印妈阁庙的图案，这在世界上也是不多见的。

二 澳门的财神信仰

来到澳门，大街小巷、住家商铺处处可见崇信"财神"的踪影。尤其是几乎家家户户都安置的"门口土地财神"，融门神、土地和财神于一体，更显示出财神与民众生活的密切关系（见图 4、图 5、图 6）。

目前，澳门民间信仰的财神主要有赵大元帅（赵公明）、财帛星君、关圣帝君、孝子神、地主神、哪吒等。

1. 赵大元帅

赵大元帅，姓赵，名公明，神诞日为三月十五日。他是古典小说《封神演义》中的人物，为纣王驾下的元帅，武艺高强。他助纣拒周被射死后，姜子牙按照元始天尊旨意，封其为"金龙如意正一

图4　门口土地财神－1

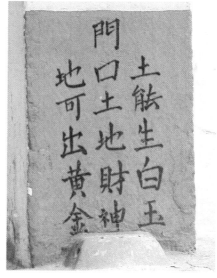

图5　门口土地财神－2

图6　街角处的门口土地财神与石敢当

龙虎玄坛真君之神"，管辖招宝、纳珍、招财、利市四神，从而有了财神头衔。后又与招宝、纳珍、招财、利市四神统称为"五通神"。

在澳门，赵公明被奉为"武财神"，供奉武财神的寺庙有包公庙、大三巴哪吒庙、天后宫、凼仔观音堂等，其中包公庙的赵公明是与财帛星君一起供奉的，有专门的赵帅府。

2. 财帛星君

财帛星君，也称增福财神。相传财帛星君是天上的太白星，属于金神，其天职为"都天致富财帛星君"，专管天下的金银财帛，因此成为民间众多求财信众供奉的神灵。通常财帛星君的绘像还经常与福、禄、寿三星及喜神并列在一起合称"五福"（福、禄、寿、财、喜），通常有五福临门一说。

澳门庙宇供奉的财帛星君通常为一长者形象，外形富态，面白，长髭，锦衣玉带，左手捧金元宝，右手托招财进宝的卷轴。财帛星君在澳门民间所信仰诸财神中的地位最高、信众最广。据统计，供奉财帛星君的有莲溪庙、包公庙、望厦观音古庙、凼仔北帝庙、路环天后古庙等5家，财帛星君在莲溪庙位于二中殿的中心位置，在包公庙位于正殿右配殿的财帛宫，在凼仔北帝庙和路环天后古庙中也分别有专门的殿堂来祭拜，可见财帛星君在澳门民间信仰中的重要地位。

3. 关圣帝君

关圣帝君，也称关帝。关帝原为古典小说《三国演义》中的关羽，集忠、孝、节、义于一身。关帝信仰最初来自商贾，商贾敬仰关公的忠诚和信义，奉之为商界保护神，以期在商品交易中建立以诚信为基础的交易秩序，因而成为庇护商贾招财进宝的神祇。后因关公之忠义，又称忠义财神。明、清时期被奉为武圣人，享有"千古忠义第一人"的美誉。

关圣帝君信仰涉及各行各业，世界各地只要有华人经商的处所，各个商铺中几乎都供奉着关帝神像。澳门的关圣帝君在民间信仰中的地位也较高。目前澳门有 10 家庙宇供关圣帝君，其中莲峰庙、普济禅院有专门的关圣帝君殿和关帝殿，在北帝庙和天后宫供奉于正殿的左方或者右方，莲溪庙、沙梨头土地庙等也都供奉于较重要的殿堂（见图 7）。

图 7　关帝古庙

4. 土地财神、地主财神

土地财神，又称土地公公、土地公、土地爷、福德正神等，为民间信仰最为普遍的大众神灵之一，流行于汉族地区，部分受汉族文化影响的少数民族中也有土地财神的信仰。

在中国传统文化中，祭祀土地神即祭祀大地，现代则多有祈福、保平安、保收成之意。澳门供奉土地公或地主财神的庙宇有 12 家，其中直接将土地公奉为土地财神的有 3 家（太岁殿、望海观音岩、氹仔天后宫），供奉地主财神（或五方五土龙神）的有 7 家（望厦观音、康真君庙、路环天后古庙、三婆庙、三圣宫等）。

5. 孝子神

孝子神信仰在大陆、台湾地区都有，但是各地的孝子神有所不同。闽、台地区多将广泽尊王郭忠德（也称郭圣公）作为孝子神来崇拜，而江、浙一带则是将董黯作为孝子神来供奉，并有专门的庙宇。澳门孝子神的形象多苦脸，头扎麻布，身穿麻衣，右手执竹编扇，左手持木杖。闽、台地区以广泽尊王为形象，很是威武。江、浙一带的董孝子则为书生文官扮相。因此从外形来看，澳门、闽台、江浙等地的孝子神形象有较大不同，应不属于同一神灵系统。

澳门各庙主殿左下方的小配殿中多有孝子神像，并有部分庙宇直接在孝子神神像前书有财神字样（如莲溪庙、莲峰庙等），可见孝子神在澳门信众中也具有财神的庇佑功能。

6. 哪吒太子

哪吒太子为托塔李天王李靖的三太子，民间称为太子爷、中坛元帅、太子元帅、哪吒三太子、罗车太子等。传说中的哪吒太子生性顽皮好动，曾大闹东海龙宫并杀死龙王的儿子，又拿了父亲如来弓箭射死石矶娘娘的门人；后东海龙王与石矶娘娘抓走他父母，他舍命救父母，死后化为仙人，并被玉帝封为"三十六天将第一总领使镇守天门"。哪吒太子有独特的兵器火尖枪、风火轮与千坤圈。现民间流行的哪吒太子的形象基本上同于《封神演义》的描述。在民间信众看来哪吒太子除了有少年、武力高强等传统的形象以外，还担任很多角色，如哪吒太子的风火轮可庇佑司机开车无往不利，哪吒太子身手敏捷可抢到好牌而可庇佑彩众。因此，闽台、港澳地区的出租车司机和彩众多祭拜之。澳门现有柿山哪吒庙和大三巴哪吒庙都是信众拜神祈财的重要场所，正殿中都供奉着形态各异的哪吒太子神像（见图8）。

图8　哪吒庙

三　澳门土地庙考察记

2010年3月，本人应邀赴香港城市大学讲学，其间，我专程赴澳门进行短暂考察，澳门的土地信仰和石敢当信仰是主要考察内容。

农历二月二是土地爷福德正神的诞辰。前几天，香港中文大学科大卫教授请吃饭，席间，研究道教的游子安兄相告，澳门的土地诞很值得一看。我本来就有赴澳门一游的计划，正好可以和考察土地诞结合在一起。

2010年3月17日，农历二月二。清晨，不到七点就赶往位于上环的港澳码头，乘坐快轮来到澳门，寻找土地庙，考察土地诞。

在介绍澳门旅游的几本书上，没有土地庙的蛛丝马迹。幸好我带的《澳门地图册》上面，标出了两处庙宇，一处是位于河边新街的福德祠，另一处是白鸽巢公园边的土地庙。福德祠离著名的妈阁庙不远，我从澳门外港码头来到预订的酒店后，寄存好行李，就直奔福德祠而去。

河边新街的福德祠，属于下环坊社区民众所有。我来到福德祠时，上午十点刚过，庙门前摆放着许多花篮，上面都写有祝贺土地爷爷圣诞的字样，庙内人来人往，上香的人们络绎不绝。庙内存有四块清代碑刻，记述了庙宇的历史。该庙始建于清代同治十二年（1873），距今已有 130 多年的历史。庙内悬挂的匾额多为光绪民国年间的。二月二土地诞该庙没有特殊的仪式，主要是居住在土地庙周边的坊众前来进香、上供、悬挂塔香。在福德祠停留了一个多小时（见图 9）。

图 9　下环土地庙

　　在与福德祠内帮忙的李先生交谈时，得知白鸽巢公园附近沙梨头土地庙是澳门最古老、最大的土地庙。我一听，赶紧离开福德祠往那个土地庙奔去。结果，乘坐公交车时，司机还提前让我下了车，在寻往沙梨头土地庙的途中，又看到了两处土地庙：挣匠巷口的土地庙和众圣园中的福德祠，都有民众在上香进供。

　　来到沙梨头土地庙，刚过十一点半，但已经错过了十一点举行的醒狮参神仪式。我在庙里一直待到下午二点半。

　　沙梨头土地庙背靠白鸽巢公园，是一组依山而建的庙宇。该庙是澳门规模最大、历史最悠久的土地面，除主殿奉祀土地神外，还有医灵殿、圣母先锋殿、水月宫等，配祀医灵大帝、梨山圣母、观音菩萨、佛祖、泰山石敢当等。该庙现存有多块清代碑刻，据碑文记载，土地庙始建于明末，嘉庆年间重修，最后一次重修是 2004 年完成。沙梨头土地庙是永福古社的庙宇，现由沙梨头土地庙慈善会和坊众互助会管理。这次土地诞的活动，共持续三天，从初一开始连续三天，每天晚上都有演戏酬神活动，从大陆特邀了广东湛江粤剧团演出三天粤剧。初二上午十一点，举行醒狮参神仪式，下午两点，向长者派发礼品、烧肉。初三中午十二点，举行敬老斋菜宴。此次土地诞，特区政府民政总署、文化局、旅游局各赞助一万元，社工局赞助 9 千元。另有个人赞助，如黄华强先生赞助大戏戏金，并向老人派发礼品、利是红包；李汉基先生赞助 5 万元等。我向帮忙的邝先生了解了土地诞的情况，并请他给我要了两张今明两个晚上的戏票（见图 10、图 11）。

　　下午三点，看过土地庙向老人们派发礼品（内有烧肉、茶叶、水果等，还有利是红包），我便回到酒店，办理了入住手续后，休息片刻。下午五点半，从酒店出发，先去大三巴牌坊附近，2006 年

图 10　沙梨头土地古庙

图 11　沙梨头土地庙神像

来澳门时，曾在三巴坊附近的路边拍到一座福德祠，里面还供有一块石敢当。一路走来，在女娲庙旁，又见到了曾经收入我那本书中的泰山石敢当小庙，但福德祠却没有出现。

拍完夜幕下的大三巴牌坊，我一路打听着往沙梨头土地庙走去。途中，在路边看到了我想找的福德祠。这是属于三巴门社区三多社的土地庙，开间不足三米、一座面向街面开放的庙堂。里面供有土地和石敢当，今天的香火甚盛，周边摆满了坊众送的祝贺花篮。

快走到沙梨头土地庙时，一座"石敢当行台"门楼霍然出现在我的眼前，旁边还有一个土地庙。"石敢当行台"是什么意思？由于大门上锁紧闭，周边也无人可以打听，只好明天再来一次。边上的土地庙，供奉的是"桥头土地公公"，属于社区土地神。

澳门的路根本没有方向，打听路的时候只能以左右来指示方向。一路打听着，当我来到沙梨头土地庙对面的学校球场时，今晚的大戏已经开场了，今晚演出的是粤剧《苏秦拜相》，虽然唱腔和道白我一句也听不懂，但有灯光打出的字幕，可以借以了解剧情。

戏还没有看完，想着要回来整理照片，便提前退场，回到酒店已经十点了。忙忙碌碌的一天，细算起来，总共看了6个土地庙，收获不小。但是看的多，拍的多（今天拍了1500多张照片），问的太少——今天庙里的人都在忙，不好意思影响人家的工作，明天再去做访谈吧。

2010年3月18日，二月初三，我在澳门"撞"土地庙。所谓"撞庙"，是我自己的发明，是指没有目标的随意乱走，撞到什么算什么。当然，实际上还是要有搜寻目标的，只是目标何时出现、方位在何处并不清楚而已。

"撞庙"或"撞神"，是我2006年来澳门时的感受。那一次来澳门是为了寻找泰山石敢当,当时正在写《泰山石敢当》一书。2006 年 3 月在香港讲课,中间只有一天空余时间,我清晨从香港坐快艇过来,晚上坐最后一班快艇回去(当时的港澳快艇还不是 24 小时行驶)。当时只知道澳门石敢当不少,但并没有具体目标。我便采取了"撞"的办法,在城区内按照地图上的区划靠两只脚去搜寻,在我认为该出现石敢当的地方,就仔细去寻找,结果那一天走遍澳门的老城区,发现了不少泰山石敢当,后来大都收入了 2007 年出版的《泰山石敢当》中。

上次澳门之行,对于澳门的景致基本上没留下什么印象,只是在到处走动着发现石敢当。这次澳门之行,本来计划好好欣赏作为世界文化遗产的澳门古迹,结果又让土地爷扰乱了行程。昨天发现了 6 个土地庙,主要考察了其中的两个。今天采取"撞"的办法,结果,又将多处土地庙收入囊中。

澳门土地信仰之盛,从家家户户门口供奉的"门口土地财神"神位就可见一斑。无论是大街店铺,还是小巷人家,家家户户的门口大都设有土地神位,同时还有"天官赐福"神位。民众居住的大小社区中,也会有街巷社区的土地神,保佑一方民众。在庙宇中,也设有土地神位。中国人的土地信仰反映的是中国传统的对于天地的尊崇,对于自然的尊重。我们的居处,占用了一方土地,设立土地神位,一方面是对土地的尊重,另一方面自然是希望得到土地的护佑;从小家进而推及大家,一个社区占用了更大的土地,对这一方社区的土地,自然也应该尊崇,使之保佑一方民众。澳门土地信仰,保留有土地神最初的意义,即关于自然的崇拜。同时,在土地诞仪式中,还保存了土地作为一方社区的保佑神的功能,它还具有睦邻、互助的重要作用,土地诞成为社区民众集体活动的重要日期，土地庙则成为民众精神寄托的最亲近的庙宇。

在澳门著名的妈阁庙中，便有三处土地庙或土地牌位。其中两处有庙，均称作"正直祠"，一处写的是"土地福德财神"，另一处写的是"土地福德正神"。另有一块大约40厘米高的石碑，上书"土地神位"。在岗顶斜街的菖蒲里和聚龙里都有土地神庙，菖蒲里神位上写着"本坊土地福德正神"，聚龙里土地庙上书"福德祠"，神位上写的也是"本坊土地福德正神"。在奥斯定教堂旁的龙嵩正街，有龙新社的土地庙，街口扎有彩花门楼，龙新社的土地庙上书"福德祠"，是与社公一起祭祀的，土地庙旁的人家大门上方还写有"龙新社坊众土地会"。位于大三巴牌坊边上的哪吒庙，也有自己的土地庙，瓷塑的神像上刻有"地主爷神位"的字样（见图12）。

图12　福德祠

仅从今天撞见的土地庙来看，澳门土地庙极其普遍，数量之多恐怕是无法统计清楚的。二月二的土地诞也受到广大民众的重视，不论大小，庙里或神位前都有坊众供奉的香火。

四　澳门石敢当信仰考察记

2007 年 4 月，浙江人民出版社出版了我的《泰山石敢当》一书，这是大陆研究泰山石敢当信仰习俗的第一部著作。其中，关于澳门石敢当的资料是 2006 年 3 月实地考察所得。

为了撰写拙著中石敢当在港澳地区流传的情况，2006 年 3 月 11 日，我对澳门庙宇和街巷中的石敢当进行了初步调查。

妈阁庙内的泰山石敢当：妈阁庙内专门有一处香台，上面供奉着五块石头：一块泰山石敢当，一块石敢当，两块南无阿弥陀佛，一块无字石（见图 13）。

图 13　妈阁庙内供奉泰山石敢当的香台

香台上的一块石敢当比较古旧，"当"字的下部已经断缺，碑身上系着红布。这似乎是一块原来供奉在其他地方，后来被移至庙内的石敢当（见图14）。另一块泰山石敢当形制比较特殊，碑状突出，上面刻写着"聚宝堂 泰山 石敢当之神位"。"聚宝堂"应该是树立石敢当的家户或店铺的名号，说明这是一块私立的石敢当，那么。私立的石敢当为什么被供奉在妈阁庙，其中的缘由就不得而知了。

图 14　妈阁庙内的石敢当

大三巴街女娲庙旁的泰山石敢当庙：在澳门，我没有方向感，尽管按照地图行走，还是多绕了许多路，有的地方就路过了两三次，也带来一些意外的发现。

在靠近著名旅游景点大三巴牌坊的大三巴街上，有一座女娲庙。当我第一次从女娲庙走过时，根本没有发现在庙的旁边就有一座泰山石敢当庙后来第二次从女娲庙旁走过，泰山石敢当庙才蓦然映入眼帘。这是一座十分精致的小庙宇，庙高约150厘米，面宽约80厘米，进深约25厘米，上有水泥覆顶，下有水泥底座，周遭由四根铁柱支撑。前门帘上部刻着一个十分显眼的蝙蝠。泰山石敢当的碑身全部为红色，碑身雕镂的也是颇为用心，碑面中心部位凹入，上面洒金写着"泰山 石敢当"，旁有一副对联是"一拳灵石，庇千载黎民"。碑的上部浮雕出祥云。庙的旁边还放着两大束鲜花。在我停留的不到二十分钟的时间里，就有两个人专门来给泰山石敢当上香，因此，庙虽小，香火始终不断（见图15）。

图 15　大三巴街的泰山石敢当庙

大炮台街的泰山石敢当：在大炮台街、大炮台下街、豆酱里和史山斜巷四路交会的十字路口处，因道路自大炮台下街倾斜而下，路况复杂，交通管理机关在此专门设置了铁柱路障，以提醒驾乘人员和过往行人小心。在大炮台街与大炮台下街交汇的拐角处，立有一块泰山石敢当，高约 30 厘米，宽约 20 厘米，整个碑身呈人形。根据此地的地形，立这个泰山石敢当应该是与交通安全有关，与交通管理部门设置铁柱路障功能相同（见图 16）。

图 16　大炮台街的泰山石敢当

　　三巴门坊土地庙内的石敢当：澳门虽然不大，用一天的时间步行走下来还是非常紧张的。由于当天还要赶回香港，下午四点多我便准备乘出租车去码头，站在路边等车的时候，忽然发现马路对面的土地庙内好像还供有别的神位，走过去一看，原来供着的是一块石敢当。

　　这个土地庙（福德祠）属于大三巴门坊连胜街，庙内墙上贴有"澳门三巴门坊众互助会鸣谢 2004 年连胜街土地庙重修捐款芳名"的红纸布告，遗憾的是庙内外都没有记述该庙历史的其他的文字。该庙面阔不下 5 米，高超过 3 米，进深 2 米有余。庙的正中挂有"福德祠"匾额，庙外墙两侧的对联是："春风化雨恩泽百家千载乐，护佑宅门福赐三巴万年欢"。庙内靠左墙一侧是土地神的香台，磁塑的土地神夫妇慈眉善目，令人可亲。

　　土地庙内的石敢当位于庙的右墙一侧，碑身嵌入墙体，碑的材质为大理石，上面刻写着"石敢当"三字，字为红色，碑前有插着香烛的香炉。有身穿制服的人员，骑着自行车专门来添香，也有香客前来上香（见图 17、图 18）。

图 17　澳门三巴门坊连胜街土地庙（福德祠）

　　2010 年 3 月，我在前往澳门考察二月初二"土地诞"仪式的时

图18　供奉在土地庙内的石敢当

候，无意中发现了位于沙梨头地区的石敢当庙宇——"石敢当行台"，这是迄今所知关于石敢当信仰的最大的庙宇（见图19）。

（一）世界之最的"石敢当行台"

2010年3月17日（农历二月初一）傍晚，我从大三巴牌坊徒步前往沙梨头土地庙考察，途经桥巷街时，发现一座门楣写有"石敢当行台"的庙宇，当时庙门紧闭，没有来得及询问。第二天二月初二，忙着考察土地诞。第三天3月19日一大早，我就直奔位于沙梨头土地庙旁桥巷的"石敢当行台"，到时庙门已开，里面还传出了念经的声音，一个道士正在为主家做法事。我在庙内待了整整一

图 19　夜色下的石敢当行台

个上午，基本弄清了石敢当行台的情况。

这座"石敢当行台"，又称"石敢当庙"，是在原来祭拜的一块"泰山石敢当"的基础上，于清朝光绪二十年（1894）建成的庙宇。该庙占地 600 多平方英尺，屋高 6 米。据我了解，大陆上还没有专门为泰山石敢当修建的如此规模的庙宇，过去我所见到的石敢当祭拜场所，最多有一个香龛就不错了。澳门大三巴街上的"泰山石敢当庙"已经是很成型的小庙宇，沙梨头土地庙中的泰山石敢当神位，也属于少见的壮观。大多数石敢当，只是一块石碑或其他材质碑刻形状而已。如今，澳门这座石敢当行台，堪称石敢当庙宇中的"世界之最"（见图 20）。

（二）庙主梁小姐

澳门石敢当行台的庙主是一位小姐——梁金凤小姐。当我向梁

图20　大门

小姐讲明，我曾经专门研究过泰山石敢当，是特意来看庙的，她非常高兴，对我的调查给予了积极配合，并让我随意拍照，对于我的提问，也是有问必答。在梁小姐给我的名片上是这样写的："澳门石敢当行台【石敢当庙】梁金凤"，并详细留有手提电话、固话、MSN、QQ、E - mail等信息，名片背面绘有石敢当庙的方位图。

据梁小姐介绍，他们家已经是三代人负责管理这座庙宇：爷爷、父母和她。父母去世后，便由她和姐姐一起继续管理，如今，姐姐已经出嫁，就只有她一个人负责庙宇的管理了。我想了解他们家管理石敢当庙的时间，想从梁小姐的年龄入手，我试探着问她：你有20岁吧？她避而不答说："差不多吧。"据推断，他们家管理此庙三代人起码应该有六七十年的历史，之前还有其他人家负责管理过。

谈到她管理的石敢当庙，梁小姐很自豪，她说，全亚洲只有两座石敢当庙，这里有一座，还有一座在济南，在玉皇顶上（梁小姐的原话如此。所谓"玉皇顶上"，大概是指泰山顶上的玉皇庙。梁小姐没有去过山东，她也弄不清济南和泰山的方位）。

梁小姐就住在庙的左侧，她的住处有一扇门与庙连着，门上写着注意事项。她主动打开住处的门，让我入内参观。她的住处实际上就是庙的一部分，用一堵墙隔开的，里面极其简陋，一大间房屋被分作三部分功用：最靠里面的是她的住处，中间部分是她自己供的神灵，前部是厨房和卫生间。

梁小姐是专职庙主，职责就是照看庙宇，清理卫生，为祈福的坊众点香添油。庙门有固定的开关时间：上午九点半至下午六点，如果有特殊需要，只要提前联系，可以随时开门。在我调查时所在庙里的这一个上午，就有一位老年妇女请道士来做祈福法事（一早就开始，到将近 11 点结束），还有四五位坊众分别来做"打小人"仪式和点燃塔香。塔香分为大小，价钱自然不同，点燃时间的长短也不一样，梁小姐还负责为点香的坊众填写祝福香纸。坊众给的香火钱都放入专门的功德箱中，我想，这里面应该包括庙宇的维护费用和梁小姐的生活费用。

梁小姐为我讲述了石敢当庙的历史、奉祀的神灵，以及与庙相关的传说故事。我拍到了她为前来进香的坊众写香纸，以及在庙内忙碌的场景，但当我提出要为她在庙内单独拍一张照片时，她拒绝了我（见图 21）。

（三）庙宇主神：石敢当—姜太公

澳门石敢当行台内供奉的石敢当神像颇似一位道士。

据庙主梁小姐介绍，神龛上供奉的主神是姜太公，石敢当是姜

图 21　庙主梁小姐

太公的封号，这个封号还是女娲娘娘封的。梁小姐为我讲述了姜太公得封石敢当的传说：

女娲娘娘当年曾经用石头镇住人间的妖魔，由于这块石头神通广大，便被称作"石敢当"。姜太公封神的时候，把封号都封给了别人，自己没有了封号。女娲娘娘就把"石敢当"的封号封给姜太公，因为姜太公也是神通广大，妖魔鬼怪都怕他，他和石敢当有一样的本事。

梁小姐讲述的女娲娘娘封姜太公为石敢当的故事，我过去没有听说过。

把石敢当和女娲娘娘联系一起，在大陆的石敢当传说中本来就有。女娲娘娘炼五色石补天，赋予了石头神奇的色彩，神石石敢当自然就很容易和女娲有了瓜葛。

姜太公封神而自己没有了位置，最后便在屋脊上为自己安置了一个神位，成为"太公在此"习俗的由来，这也是一个十分流行的传说。"太公在此"和"泰山石敢当"功能相似，在风水中安放的位置也大致相同。但把石敢当和姜太公混为一谈，这是我过去没有听过的。

澳门石敢当行台的主神传说，融汇了女娲补天和姜太公封神的传说，赋予石敢当以姜太公的形象，并在神龛上用道士形象塑造姜太公，这充分反映出民众的智慧，也是民间信仰独特思维逻辑的一个很好的例证（见图22、图23）。

图22　石敢当行台神龛与香案

（四）庙宇的沿革：从一尊石头到一座庙宇

在石敢当行台门前的右侧，有一座石质小庙。小庙不高，约有七八十厘米，不大，面阔约半米。紧挨小庙旁边的是焚烧纸钱的宝库。

图 23　泰山石敢当神龛

　　据庙主梁小姐介绍，小庙内供奉的是写有"泰山石敢当"的一尊石头，这尊石头的历史比庙宇还早。最初这尊泰山石敢当是和门口的社公（土地神）供奉在一起的，后来，修建了石敢当庙，就把原来的石敢当单独修了座小庙供奉在门口一侧了。

　　小庙被涂成红色，门楣上写有"威灵"二字，显然是赞颂所供奉的泰山石敢当。还刻有一副对联："蚝镜沿今俗，圯桥振古风。"蚝镜：蚝，原字左边为"虫"字旁，右边为"毫"，查无此字，大概是民间的写法；蚝境，多写作"濠镜"，代指澳门。圯桥：石敢当行台位处渡船街与石街交界之处，现在的街道名牌标示为"桥巷"。圯桥，应指此处原有一座塌圯的桥。

小庙神龛凹进去约有十多厘米，原有一尊香炉挡在前面，为方便我拍照，梁小姐把香炉和小庙门前都做了清理，露出了里面的石头。梁小姐讲，石头上面原来是有字的，时间长了字已经没有了，为了防止人们把它和旁边的社公混淆，她特意用一张纸写上"泰山石敢当"五个字，贴在石头上面。拿开香炉，露出里面贴有字纸的石块，人们进香时已经把原来写好的纸烧掉一块，梁小姐很不好意思，赶紧告诉我说，她已经重新写了新的，说着便进庙内把新写的拿了出来，很快就换上了（见图24）。

图24　大门一侧的泰山石敢当小庙

关于这座石敢当行台的历史，现存庙内的两块碑刻是十分难得的史料。两块石碑被嵌在庙内进门左侧的墙上，碑一大一小，大碑清晰可读，小碑除碑额以外，碑文已经模糊不清。

小碑被镶嵌在石框内，并用红漆予以涂绘，碑体完整，但碑面大多已经剥蚀，碑额"石敢当碑记"五字清晰可见，碑文中也还可以识别出部分字句。据梁小姐讲，两块碑相比，小碑的时间更早，是在建庙之前，和原来的泰山石敢当在一起的，前几年修庙的时候，建筑工人用带有腐蚀剂的水清晰碑面，结果把碑弄坏了。从尚可辨认的字迹来看，梁小姐说的情况并不准确，碑文中已经提到"石敢当庙"。结合可辨认的其他文字，此碑似乎是与修庙购地、捐款建庙等有关，最可惜的，还是落款处的时间根本无法辨认了。

大碑的四周也是用条石予以装饰，条石上部居中位置还刻绘有太阳和云纹。碑额题字为"创建石敢当公所碑记"，碑文包括序文、捐款题名、收支详情、时间落款等（见图25）。

图25　光绪二十年《创建石敢当公所碑记》

创建石敢当公所碑记

光绪岁次乙酉年倡建石敢当公所碑记

石敢当行台者，香山澳门新桥街众所创建公所也。经始于光绪二十年甲午 月 日，迄是年 月 日而落成。越建造之九年，岁次壬寅十月之吉，众告余曰：此地路接莲溪，门襟镜海，忆自光绪乙酉，居人偶倡此议，购地成基，不十年间，客麇至而资集，工鸠聚而庙成，洵人杰而地灵，实神歆而祀契（左加"氵"）也。子方训蒙衡宇，日讲"明乎神即心，心即神"之明训，盍亦为是台详志之乎？余曰："唯易有之，介乎石，不终日，贞吉。"众人殆自美其志之贞，而乐其事之速成，故有取于石之为灵昭昭，与有其举之莫敢废也。其彰于前而传于后也。固宜里人爱朴直言之，而请寿诸石。

倡建值事 慎余堂 和昌店 □泰店 茂利店 源利店 百来堂 茂安店 林守重 广泰和 蔡永胜 □礼昌 新祥泰

并将倡建芳名及营造条款胪列于左：

（以下共计十排捐款商号、个人名姓及捐助款数额，此略。）

兹将进支数开列于左：

（以下列出收支详情，此略。）

光绪二十年岁次甲午 倡建值事 壬寅仲冬 吉旦立石

这篇碑文所包含的内容非常有意思。先看其中的几个年号：

碑序名称中所说的"光绪岁次乙酉年"，是指光绪十一年，即公元1885年，这是开始倡议建立石敢当公所的时间。

碑文落款中出现了两个时间："光绪二十年岁次甲午"和"壬

寅仲冬"，结合碑文中的内容来理解，前一个时间"光绪二十年岁次甲午"（1894）是石敢当公所落成的时间，从光绪十一年开始倡建，到光绪二十年落成，此庙共修建了九年的时间。后一个时间"壬寅仲冬"，为光绪二十八年（1902），这是在公所修成又过了八年之后，刻碑立石的时间。此庙光绪十一年倡建，光绪二十年落戒，直到光绪二十八年才刻石立碑。今天来看这座庙规模并不大，而修建时间却长达九年，此后又过了八年才立碑，这说明倡建和捐助的商号与个人经济实力都有限，否则不会花费这么长的时间才建成、立碑。

碑文第一句便讲明了庙的性质："石敢当行台者，香山澳门新桥街众所创建公所也。"此庙属于公所性质，是"香山澳门新桥街众"的集体会所，属于社区街众的集体财产。从建庙时的社区集体财产，到现在产权属于澳门政府所有（据梁小姐介绍，现在澳门的庙宇都属于特区政府所有，去年政府曾出资重修此庙），其间，庙宇的管理、庙产的归属等，都有待今后再做详细考察。

（五）对联、匾额及其他文字

民间小庙，藏匿民间，历来缺少文字记录，钩沉历史、寻踪溯源便成为一桩难事。像澳门石敢当行台这样能够有碑刻记录创庙历史的，已经是十分珍贵的民间信仰史料了。除此之外，庙内的所有文字，都应该成为田野记录的重要内容。

在石敢当行台中，两块碑刻之外，还有对联、匾额等其他文字资料，都可以为我们了解庙宇的历史和信众的崇奉心理等提供可资参考的依据（见图26、图27）。

1. 大门

大门横楣处有五个大字：石敢当行台

图 26　主神神龛前悬挂的对联

大门共有两副对联。外围的一副对联为：

降服群邪勋烈特昭周汉史

慈悲万类仁恩遐被海湖春

上联的题款为：民国廿一年岁次壬申孟夏仲澣吉旦 民国廿六年回銮重修

下联的题款为：新桥坊利圣回銮众信士敬送

这副对联中，题款文字中提到的"回銮"二字值得注意。既然说到"回銮"，应该是有出巡在先，但落款中写的是"民国廿六年回銮重修"，似乎隐含着庙宇在民国廿六年有一次重新修缮的信息：

图 27　大门楹联

因修缮庙宇，致使神灵挪位"出巡"；庙宇修好，则神灵回銮。

大门内里的对联只有联语，没有题款：

公是公非创立规模垂久远

正人正己协同心力兆安康

2. 二门

大门内有类似于影壁的二门，门柱上的一副对联为：

积德胜藏金处世当遵司马训

惟善以为宝持身宜省楚书言

二门的两扇门上面写着"国泰""民安"四字。门前立有两块旗牌，上面写的都是"石敢当爷爷"五个字。二门前上方悬有一木制大花瓶装饰，上有"万福攸同"四字。

二门朝庙内的一面，两扇门上书有"风调""雨顺"四字，下有骑门大"福"字一个。

3. 土地庙

进门左首有一土地庙神龛，神龛旁边就是两块碑刻。土地庙神龛内，中间部位写有"门官 土地 福德正神"，两侧有一副对联，可惜没有拍下来。神龛外围有对联为：

官禄泽濠江

门高潮政海

4. 庙内两侧墙壁上挂有数米高长联一幅

神仰泰山名当孔道而著英灵泽流濠镜

客营沧海利处新桥而邀默佑恩沐康衢

上联题款：光绪二十年岁在甲午季夏吉旦

下联题款：沐恩弟子许沛芬偕男双生敬送

5. 主神神龛上方悬有匾额三块

其一：万福均沾

题款：

宣统元年岁次己酉仲夏吉旦

沐恩信士合坊同敬送

其二：义薄云天

题款：

光绪二十年岁次甲午孟夏吉旦

倡建值事 陈连生 德源厂 黎金有 福利厂 梁厚华 荣茂泰 同敬送

其三：荷德如山

题款：

光绪二十年季夏谷旦

沐恩本坊众信等敬送 黄文瑞敬书

6. 主神神龛后墙有匾额三块

其一：声灵赫濯

题款：

民国二十年五月

创建值事 源利店 陈 堂 和昌店 联泰店 茂利店 广泰和

蔡永胜 马礼昌 百来堂 茂安店 林守重 新祥泰 同敬送

其二：泽及同人

题款：

光绪三十三年仲冬旭旦

沐恩建醮值事（下略）同敬送

其三：永庇鸿恩

题款：

民国二十七年孟秋吉旦

沙岗提督马路合坊敬送

7. 主神神龛前悬有两幅木制对联，上下联内容完全相同，均为：泰山石敢当爷爷。落款为：沐恩众信联义堂敬酬 光绪二十一年孟春吉旦

8. 主神神龛前悬有铁质宫灯一个，上书"石敢当爷爷宝诞千秋"，落款为：光绪丁未年仲冬立 弟子林文波敬送

9. 大门外右首建有供奉石敢当的小庙，小庙门楣上书"威灵"二字，两侧有对联一副：蠔镜沿今俗，圮桥振古风。

10. 庙内主神神龛前有新旧两副香案，旧香案前脸有"光绪

甲……"等年号的字样（似为"光绪甲午"，建庙的那一年），但已经辨识不全。旧香案上有香炉，香炉上铸有"石敢当"三字。

11. 石敢当行台大门左侧路的对面就是"桥头土地庙"，土地庙神龛中间上书"桥头土地公公"，两侧对联为：土能生白玉，地可出黄金。

上面记录下来的这些文字，或为赞颂石敢当威灵显赫，或为祈福石敢当保民护境。其中，光绪二十年建庙时的长联，上联中讲到"神仰泰山名当孔道"，将本庙与泰山、孔道联系在一起，叙述了本庙神灵的来源，强调了其正统。大门外"民国二十六年回銮重修"的对联，隐隐透露出庙宇重修、神灵出巡易位的历史。光绪三十三年"泽及同人"的匾额，落款"沐恩建醮值事"，或许记录的是那一年度的一次建醮法事活动。与"建醮值事"有关，匾额的落款中还有"倡建值事"（光绪二十年"义薄云天"匾额）、"创建值事"（民国二十年"声灵赫濯"匾额），则为我们了解庙宇的管理机制提供了线索。

（六）余论

澳门"石敢当行台"是一座十分难得的考察泰山石敢当信仰习俗流变状况的庙宇。

从石敢当行台的考察中，我们可以得知，早在一百多年前，居住在澳门新桥一带的街众，为了保境安民，创建了属于全境街众所有的"石敢当公所"。公所供奉的神灵——泰山石敢当，由于"神仰泰山名当孔道"，因此当地的庙宇是其"行台"——"行宫"。

从最初敬奉一块石头，发展到创建一座庙宇；从带有自然原始崇拜性质的石敢当信仰，发展到把神通广大的姜太公与石敢当合为一体，将石敢当神灵化、具象化；从镇宅、辟邪的基本功能，发展到现今在庙宇中承做各种法事，将祈福求祥、辟邪减灾进一步仪式化；各地石敢当多置于屋角、墙后，无专人敬奉，而石敢当行台作为庙宇，则出现了家传式的庙主管理模式，有专人管理、有固定的街众供奉。

笔者关于澳门石敢当行台及其信仰事象只是做了最初步的考察，对于其信仰仪式、信众范围、管理模式、历史流变等更加深入细致的探究，还需假以时日，再做更多的考察与研究。

五　澳门民间信仰特征刍议

澳门民间信仰是澳门华人社会的重要文化现象，其信仰事象丰富多样，表现形态多姿多彩。下面，试从人口构成、历史变迁与地理环境等角度对其特征予以简述。

首先，澳门民间信仰因其民众来源区域的缘故，深受移居之前原乡民间信仰的影响，形成了以粤闽地域特色，尤其是岭南风格为主的特征。

历史上，来自广东、福建的民众占据了澳门居民的大多数。澳门又地处岭南的延伸地带，其文化自然属于岭南文化的组成部分。例如，澳门随处可见的金花崇拜，即源自岭南，金花娘娘崇拜起自广州，澳门祀奉金花娘娘的庙宇就超过十家，计有莲峰庙、包公庙、医灵庙、吕祖仙院、莲溪庙、观音古庙、雀仔园福德祠、路环金花庙等。金花娘娘或抱婴，或摇扇，或哺乳，显示出世俗亲民的特色。澳门信仰中的谭公崇拜也来源自粤东惠州九龙山的民间，悦城龙母源自粤西德庆寺，是对珠江三角洲地区有广泛影响的龙母庙的主神。

澳门妈祖信仰之隆盛，除与地理位置、渔民生产相关之外，与来自闽南的移民关系密切也是一个重要原因。除妈祖之外，在澳门民间还有一些比较罕见的海神信仰，如朱大仙、三婆神、洪圣爷、水上仙姑、悦城龙母等，也都与渔业生产、渔民崇信关系密切。

其次，澳门民间信仰受到自然地理环境的影响，致使在内陆其他地区并不兴盛的神灵崇信，在澳门则得以广泛传播。

澳门地处沿海，历史上的民众多从事渔业生产，海神信仰兴盛就成为必然结果。上文已经对澳门妈祖信仰多有叙述，此不多言。澳门作为贸易口岸，民众对于财神等与商贸相关的信仰十分虔诚，这虽然不是澳门独有的信仰现象，但在澳门狭小的地域中，如此普遍的大小财神信仰现象，也构成了澳门民间信仰中独特的风景。澳门半岛和其他岛屿，地形凹凸不平，道路起伏多弯，具有驱邪避瘟、镇宅止煞功能的泰山石敢当在澳门的兴盛，则是与这种自然地理环境分不开的。

再次，澳门民间信仰呈现极其明显的开放性、包容性。

有学者用"满天神佛"来形容澳门民间信仰的特点，确实很有道理。在澳门，中国儒释道诸教合而为一的情况相当普遍。除个别庙宇有单独的宗教信奉外，澳门过去绝大多数的庙宇多是儒、佛、道多种神灵都予供奉。如佛教普济禅院内，也有关帝殿、天后殿，形成了以佛教为主、结合道教与民间信仰（龙华教）的寺院。莲峰庙实际上为天妃庙，主神供奉妈祖，清雍正元年扩建时增设了观音殿，现今莲峰庙主要供奉的是天后妈祖，中为观音殿、后为文昌阁、左武帝殿、右仁寿殿，佛儒道三教合而为一，既有崇尚儒雅的仓颉神，也有观音、妈祖、金花娘娘、武帝等诸神崇拜。莲溪新庙更是显示出澳门信仰不拘一格的包容性，新庙供奉有观音、财帛星君、和合二仙、华光大帝、文昌帝君、玄天上帝、吕祖、太岁星君、唐三藏、金花夫人等。

中国传统信仰所呈现的多神信仰、诸教融合的特点之所以在澳门流行，与澳门历史、地理及人文变迁很有关系。一是澳门属海岛型的商贸之城，凡有关保佑平安的神灵均受到人们的欢迎；二是澳门长期为移民社会，人口流动性很大，这使本地的文化比较务实，对外排斥性并不严重，尤其是鸦片战争以来，澳葡政府实行殖民统治，华人处于政治、社会地位低下的痛苦境地，遭受压迫的地位使得许多信仰应运而生。

最后，澳门民间信仰是团结、凝聚华人社区民众力量的重要文化因素，是澳门华人的精神寄托。

澳门民间信仰诸神灵及其仪式与民众生活息息相关，民众祈求于神灵，沉醉于仪式，使民众日常生活中的各种精神需求与心灵寄托得以安妥，民间信仰的神灵及其庙宇成为华人社区空间布局中不可缺少的组成部分。

漫步过去澳门华人聚居的街巷，无论是空间稍大的庙宇，还是门口奉祀的土地财神，几乎随时都能够看到上香的民众，虔诚的仪态，令人起敬。每逢土地神诞、妈祖祭典，社区民众都会踊跃参加，神诞庆典的组织者也会为社区老人准备红包和各种礼物。每逢惊蛰时节，分布在各处的石敢当庙宇或神龛，都会迎来澳门本地民众"打小人"的仪式，借以宣泄心中不满，化解心中无边烦恼。

澳门作为中西文化交流的重要窗口，中西宗教信仰文化极其丰富，对于澳门民间信仰的调查与研究工作还远远不够，本文仅是抛砖引玉，期待今后有更多立足田野调查基础之上的研究成果面世。

参考文献

张国雄、冈虎、张运华、戴永洁编《澳门文化源流》，广东人民出版社，2005。

刘托：《澳门历史城区》，中国水利水电出版社，2006。

谭志广：《澳门的文化遗产保护：问题、政治与政策》，澳门文物大使协会，2011。

何伟杰：《澳门：赌城以外的文化内涵》，香港城市大学出版社，2011。

谭世宝：《金门铭刻的澳门史——明清澳门庙宇碑刻钟铭集录研究》，广东人民出版社，2006。

徐晓望、陈衍德：《澳门妈祖文化研究》，澳门基金会出版，1998。

童乔慧：《澳门土地神庙研究》，广东人民出版社，2010。

叶涛：《泰山石敢当》，浙江人民出版社，2007。

谭世宝、胡慧明：《澳门"民间宗教"研究述评》，《文化杂志》中文版75期，2012年夏季刊。

后　记

　　"澳门宗教报告"是中国社会科学院世界宗教研究所当代宗教研究室的"创新工程项目"中的一项成果。作为项目的首席研究员,我在成果付梓之时表达对以下各方的感恩之意。

　　感谢中国社会科学院国际合作局对本项目的大力支持。受益于国际合作局港澳台处李初雨先生的大力推荐,我们申请到了启动本项目的"外事经费",使得课题组可以按原计划,于2012年10月在澳门与"巴哈伊教澳门总会"共同主办"宗教团体的治理"学术研讨会,并于会后对澳门的新兴宗教和民间信仰进行第一次调研考察。本书上编所收录的报告,就是来自此次会上发表的论述澳门宗教治理的论文。

　　感谢"巴哈伊教澳门总会"的江绍发会长和澳门的巴哈伊朋友们。在寻求人类共同的理想家园的漫长历程中,巴哈伊教贡献了意义非凡的精神资源和实践经验。在全球化的今天,世界以"多元一体"来呈现自我,中国也在"一体多元"中与时俱进,巴哈伊教的"人类一家"、"世界大同"和"多样性中的统一"等主张,对于多彩纷呈而又充满矛盾冲突的当今世界,具有极大的启示意义。因此,自20世纪90年代始,中国社会科学院世界宗教研究所巴哈伊研究中心与巴哈伊教澳门总会之间，一直保有真诚友好和积极合作的密切关系。近十年，几乎每年都联合召开或者相互协办各种学术会议，以宗教慈善、普及教育、世界和平、和谐社会建设以及科学、宗教与发展等主题，展开在学术上具有范式转变意义的、对中国社会具有建设性的讨论，并且在政、学、教三界都取得了良好的反响。我相信与澳门巴哈伊教朋友的这种友好合作能够继续下去，在未来取得更多的优秀科研成果，为和谐社会的建构和发展做出更大的贡献。

感谢澳门大学的贾晋华、骆伟建和郑庆云三位教授、澳门圣经学院的游伟业院长、澳门归源社会研究学会的叶家祺博士，感谢他们出席"宗教团体的治理"学术研讨会并赐稿。在中国大陆有关部门打击"全能神教"（即东方闪电）之际，游伟业院长向我们传送了澳门 40 多家基督教会关于"对异端'全能神教会'作出之联合声明"。

感谢中国社会科学院"反邪教研究中心"对本项目的大力支持。该中心负责人、中国社会科学院原副院长高全立先生赞助并出席了在澳门举办的"宗教团体的治理"学术研讨会。他的出席使这次会议成为大陆官员在澳门参与层级最高的宗教问题讨论会。

感谢世界宗教研究所卓新平所长、曹中建书记对本项目的认可和支持。曹书记出席澳门研讨会并主持开幕式。卓新平所长不仅在会上发表了"中国宗教团体及其社会管理"的主旨演讲（即本书的代序），还在会后率领课题组对澳门联国学校、澳门发一崇德文教会、澳门德教会济修阁等进行了初步考察。

感谢国家宗教事务局宗教研究中心张训谋主任和国务院发展中心民族发展研究所赵曙青所长。他们对于澳门会议的支持和参与、对本项目提出的建议和意见，启发了项目组的新思路和新视角。

本书的下编，是课题组三人的调研报告。我由衷地赞同并感谢由执行研究员陈进国和叶涛提出的课题设计。我们之所以选择对澳门宗教进行研究，首先是课题组相信，在中国宗教经历改革开放以来的大发展之后，在中国政府宗教管理部门"引导"中国宗教与社会主义社会相适应的背景下，特别是在执政党提出"创新社会管理"的理念之际，研究"大中华圈"特别是港澳台地区的宗教文化发展态势，对中国大陆是具有可借鉴意义的。而在港澳台之中，澳门的地理面积和人口规模虽不及香港和台湾，但其历史发展、宗教多元、文化认同等方面却独具特色，其与中央政府的关系也更为"和谐"，因此就一个小型的学术项目而言，澳门宗教研究更具有可操作性。

由于课题组经费困难，课题组成员在 2013 年 4 月利用出访澳大利亚的机会顺访澳门，再次对巴哈伊教、（一贯道）发一崇德文教会和民间诸信仰进行调研和访谈。2013 年 10 月，课题组又利用赴澳门出席"宗教与社区建设"研讨会的机会，进行了第三次相关调研。

在今天的中国社会科学研究领域，到处都是宏大而响亮的课题名称和为课题经费而四处奔波的研究人员。在世风趋利、学术管理行政化和官僚化的当下，我们课题组三人经过两年时间、三次调研、陆续写作和收集报告之后，其初步成果最终能够出版，还要感谢"中国社会科学院创新工程出版资助项目"的资助。

邱永辉

2014 年 6 月于北京紫竹院

图书在版编目（CIP）数据

澳门宗教报告 / 邱永辉，陈进国编著 . —北京：社会科学
文献出版社，2015.11
ISBN 978 - 7 - 5097 - 8291 - 0

Ⅰ. ①澳… Ⅱ. ①邱… ②陈… Ⅲ. ①宗教 - 研究报告 -
澳门 Ⅳ. ①B928.2

中国版本图书馆 CIP 数据核字（2015）第 257052 号

澳门宗教报告

编　　著／邱永辉　陈进国

出 版 人／谢寿光
项目统筹／宋月华　范　迎
责任编辑／范　迎

出　　版／社会科学文献出版社·人文分社（010）59367215
　　　　　　地址：北京市北三环中路甲29号院华龙大厦　邮编：100029
　　　　　　网址：www. ssap. com. cn
发　　行／市场营销中心（010）59367081　59367090
　　　　　　读者服务中心（010）59367028
印　　装／三河市尚艺印装有限公司

规　　格／开　本：787mm × 1092mm　1/16
　　　　　　印　张：15.5　字　数：184 千字
版　　次／2015 年 11 月第 1 版　2015 年 11 月第 1 次印刷
书　　号／ISBN 978 - 7 - 5097 - 8291 - 0
定　　价／79.00 元